En el momento más prometedor de su vida, un joven y talentoso estudiante se encuentra aquejado por la enfermedad mental más terrible. Este relato autobiográfico describe una situación común que torna única por la forma en que el autor reaccionó ante la adversidad, por su tenacidad y la aventura que emprendió exitosamente hacia la recuperación. La impresionante y conmovedora historia de William Jiang comparte rasgos con aquellos otros relatos autobiográficos de lucha personal y triunfo sobre las enfermedades mentales como el de Elyn Saks: *The Center Cannot Hold* (traducido al español como *El centro no puede retener mi viaje a través de la locura*), o el de Temple Grandin: *Thinking in Pictures: and Other Reports from My Life with Autism* (traducido al español como *El autismo y el pensamiento visual: su influencia en mi trabajo profesional*). Así pues, la historia de Jiang resultará informativa y edificante para cualquier persona que tenga la fortuna de leerla.

Jeffrey Lieberman, M.D.
Profesor y director del Departamento de Psiquiatría "Lawrence E. Kolb" del Colegio de Médicos y Cirujanos de la Universidad de Columbia.
Director del Instituto Psiquiátrico del Estado de Nueva York

Con una increíble fuerza de voluntad, William Jiang describe lo que ha sido su vida bajo el padecimiento de una de las enfermedades mentales más difíciles de sobrellevar: la esquizofrenia. Una y otra vez él se enfrenta a la enfermedad y a pesar de todas las dificultades asegura tanto su carrera profesional como su vida personal. Este libro es una lectura obligada para cualquier persona cuya vida esté involucrada con la esquizofrenia, ya sea padeciéndola personalmente o teniendo una relación cercana y familiar o profesional médica y científica con pacientes esquizofrénicos.
Christoph Kellendonk, PhD

Profesor asistente de Farmacología y Psiquiatría, Universidad de Columbia

Las experiencias de Will Jiang, tal como están detalladas en su libro, proveen una maravillosa lectura para ayudar a comprender mejor el trastorno esquizofrénico. Libro altamente recomendado.

Dan Frey
Jefe de redacción del *New York City Voices*, revista para el apoyo de las enfermedades mentales

Esta inspiradora historia es una excelente lectura para cualquier persona, pero los familiares y amigos de quienes padezcan esquizofrenia la encontrarán particularmente útil para comprender lo que significa vivir con la enfermedad.

Leaf Jiang, PhD

Entre la Esquizofrenia y Mi Voluntad:

Una Historia de Locura y Esperanza

Por William Jiang, MLS

Diseñado por William Jiang

Jiang, William 1972 -
Entre la Esquizofrenia y Mi Voluntad: Una Historia de Locura y Esperanza / William Jiang
Traducido Por Jorge Alvarado
p.cm.
ISBN:1470030179
EAN-13:9781470030179
1. Jiang, William 1972 -. 2.Schizophrenics-Estados Unidos-Biografía

Primera edición

Este libro es dedicado a la salud mental de todos mis hermanos y hermanas.

TABLA DE CONTENIDOS

Introducción
Por Leaf Jiang, PhD

Mi hermano mayor, Will, y yo siempre hemos sido unidos. Cuando éramos niños, nuestra tía nos describía como dos gotas de agua. Solíamos jugar juntos todo el tiempo; ya sea balonmano, juegos de rol, básquetbol, boxeo, luchas o juegos de computador, nos divertíamos mucho y él siempre me incluía en su grupo de amigos. Will siempre fue el motor de este dúo, logró entender las cosas y me mostró el camino correcto. Cuando él ingresó a la Universidad, pude ver lo mucho que trabajó, algunas veces tenía dos empleos a tiempo completo, bajo un régimen de doble licenciatura. Antes de su primer colapso en la Universidad, mi hermano era un tipo sobresaliente, lector, inteligente, vibrante y enfocado.

El tema del ensayo de admisión para el Instituto Tecnológico de Massachussets consistía en describir a la persona que más ha influido en mi vida y cómo ha colaborado con mi formación personal. Escribí sobre cómo Will, y su trabajo ético, me inspiró para trabajar arduamente y lograr graduarme como el segundo mejor alumno de la generación en la Preparatoria Stuyvesant en Nueva York, podría decirse que es una de las preparatorias más competitivas de los Estados Unidos. Incluso después de su colapso, Will siguió siendo una fuente de inspiración, ayuda y apoyo. Recuerdo que él me consiguió mi primer trabajo académico de verano después de cursar primer año en el MIT. Literalmente, recorrió todo el Departamento de Física de la Universidad de Nueva York, tocó las puertas de todos los profesores y preguntó si necesitaban a un interno. No creo que muchos harían algo así por sus hermanos.

Recuerdo que encerraron a Will en una sala para personas con problemas mentales después de su primera crisis como estudiante de la Universidad de Stonybook. Todo era incierto a esa altura y no estaba claro si alguna vez Will volvería a la normalidad. Cuando lo visité en su habitación, me miró con una cara demacrada llena de moretones, bajo en peso y se veía algo incómodo. Luego, me enteré sobre los ataques de paranoia que lo llevaron a ese lugar. Inclusive bajo el efecto de medicinas aletargadoras, Will aún estaba en condiciones de graduarse.

Fueron años de medicación y un sin número de visitas al hospital psiquiátrico para averiguar realmente qué remedios y dosis le hacían efecto. Entre tanto, Will obtuvo un magíster en bibliotecología. Pensar en exceso, el mismo ejercicio que realizas cuando estudias o intentas entender cosas complejas, gatilla su enfermedad. Es admirable que Will haya sido capaz de seguir en la universidad a pesar de su problema mental, cuando pudo simplemente sentarse y esperar los cheques del gobierno; y cuando el acto mismo de educarse era altamente peligroso, debido a que podía gatillar la enfermedad. Obtener una maestría fue un logro admirable.

Después de pasar por la Escuela de Postgrado, Will empezó a trabajar en publicaciones sobre salud mental (New York City Voices), fue mi padrino de boda y actualmente está trabajando como bibliotecario. Me alegra seguir en contacto con mi hermano, más aún cuando me dice que mi suelo está por debajo de lo que valgo. Me siento totalmente orgulloso de ser su hermano y espero que esta historia los inspire, debido a que ser parte de ella me ha inspirado enormemente.

Capítulo 1: ¿Hasta dónde llega este agujero de conejo?

Mi cerebro necesitaba trabajar más rápido. Estaba tomando veintitrés horas semanales: Física Avanzada I, Estructuras de Datos Computarizados, Historia de la Lengua Inglesa, Chino y otras asignaturas complejas. El mes anterior había cursado nueve horas semanales en un periodo intenso que se extendió por cuatro semanas, las asignaturas incluían: Microeconomía, Francés Intermedio II y otra clase más. ¿Era este ritmo de vida saludable? Supongo que sí. Sin embargo, pronto descubrí que mi profunda inmersión académica era una espada de doble filo.

Aquella mañana, me dirigí hacía el edificio administrativo para verificar que mis intentos de ser reconocido por el gobierno como un adulto económicamente independiente estaban siendo cursados. Había estado trabajando como conserje durante dos años para poder entrar a la universidad. A la luz de la carga académica que llevaba, era un ritmo extenuante. Desesperadamente quise calificar a las subvenciones educacionales federales para poder continuar concentrado exclusivamente en mis estudios, sin la necesidad de trabajar como conserje y tener que fregar los baños cinco veces a la semana.

Recuerdo el nombre de la funcionaria de asistencia económica. Cuando le pregunté sobre los subsidios y el dinero que recibiría durante el año académico, su respuesta fue: "Nada". Sus palabras me devastaron. Me encontraba en la misma situación que en los dos años anteriores. "Tus padres ganan demasiado dinero para que se te otorgue un subsidio", señaló. Me abrumé. Le comenté que me había mantenido solo durante dos años, luego le pregunté por qué aún era considerado como una persona dependiente. No logré comprender la situación. Debí haber reaccionado de alguna forma inusual, ya que Delores se acercó para ver si me encontraba bien. Le hice saber que todo estaba en orden. Ésa fue la primera vez que tuve pensamientos paranoicos. ¡Ellos lo saben! Ellos saben que he estado recibiendo unos miles de dólares cada año por parte de mamá. Ellos lo saben. Decidí permanecer cauteloso, no sabía a qué funcionario del gobierno pude haber fastidiado.

Aún tambaleando, me dirigí al Centro de Alumnos. A pesar de que no se me otorgó el subsidio, tuve que ir a inscribirme al plan de alimentación ya que aún necesitaba comer. Tranquilamente hice en la fila, con el formulario de alimentación en mis manos, esperé a que me sacaran la foto correspondiente. Recuerdo las sensaciones de paranoia. A medida que los minutos pasaban, la intensidad de las sensaciones iba incrementándose; estaba aterrado. Cuando llegó mi turno, la mujer a cargo me preguntó qué plan de alimentación deseaba. Era una pregunta sencilla, sin embargo, en el momento no lo fue. Bajo mi estado paranoico, todo tenía un mayor significado. Al pensar que ella me estaba poniendo a prueba, dudé en reaccionar. Con voz alta e impaciente, me volvió a preguntar: "¿Qué plan de alimentación quieres escoger?" Barbullé algunas palabras, supongo que éstas respondieron a su pregunta. Me coloqué mis lentes al momento de ser fotografiado para que cualquiera que estuviera después de mí no me pueda reconocer. Recuerdo la mirada distraída y temerosa de mis ojos cuando vi la foto. El día comenzó de una forma terrible.

Al tiempo después, recuerdo ir viajando en el auto de uno de mis amigos chinos. Sorpresivamente, un miedo por las pandillas chinas se posesionó de mí. Noté que la situación era un tanto engañosa, sin embargo estaba convencido de que mis amigos, que conocía por dos años, eran ahora miembros de una mafia asiática y planeaban llevarme a un lugar solitario para dispararme en la cabeza. Para lograr huir, tendría que pensar y actuar rápidamente. Les dije que no me sentía muy bien y que si podían hacerme el favor de llevarme al Hospital de la Universidad de Stonybrook. Cuando faltaba menos de dos kilómetros para llegar al hospital, empecé a sentirme sano y salvo. El hospital sería un lugar seguroEl debido a que no me pueden matar ahí. No me permitiría ser engañado por estos tipos con el fin de abandonar el hospital, sabía que si lo lograban... moriría. Al estar fuera del hospital, correría el riesgo de ser encontrado por estos mafiosos, y sin dudarlo me matarían.

Cuando llegué al Hospital, fui rápidamente ingresado en los registros; sentí un gran alivio al momento que me asignaron una habitación que tenía una gran puerta de acero con una ventana pequeña. Me sentí seguro ahí, miré al reloj, eran las 4pm, bien. Podría salir pronto e ir a la estación de policía para denunciar lo que estaba sucediendo con los mafiosos asiáticos y su alianza con el gobierno que traman quitar las becas de los estudiantes. Luego pensé, ¿la policía?, ¿y si alguno de ellos fuera parte de esa alianza? Probablemente un periodista del New York Times sería una mejor opción. Debe ser un complot inmenso, ya que los mafiosos fueron capaces de llegar a Stonybrook.

Un adolescente que parecía un drogadicto rebelde estaba en mi misma habitación. Se encontrabaSe despeinado y vestía una polera negra con jeans rasgados. Empezó a hablarme sobre sus sobredosis y excesos. Por un instante intercambié algunas palabras, no obstante, no intentaría establecer una amistad con este tipo, de ningún modo. Era una persona lo suficientemente cauteloso con mi salud para no involucrarme en el submundo de las drogas y no exponerme a algún tipo de enfermedad.

En la habitación también había otra persona un tanto calmada. Intenté intercambiar algunas palabras con él sin obtener respuesta. Todo era muy raro. Finalmente, desistí. Luego de una hora en el hospital, comencé a relajarme. Después de un rato, el personal trajo a un hombre negro y alto a la habitación. Este sujeto me dio miedo. ¿Por qué daba la impresión de ser un tipo espeluznante? No hizo más que pararse en el medio de la habitación y empezar a sacudir su cuerpo. Su vestimenta era un completo desastre: estaba todo mojado. Finalmente, a los pocos minutos, aumentó la intensidad de sus movimientos y tuvo una erección que podía notarse fácilmente debido a que sus pantalones estaban completamente mojados. Este tipo sólo me provocó asco. Dos guardias con chaquetas rojas y guates de látex lo agarraron firmemente para sacarlo de la habitación. Comencé a cuestionarme por qué ellos pondrían a un sujeto como ése en la misma habitación donde había personas como yo. Sinceramente no tenía ni la más mínima idea en que lugar me encontraba, no sabía que estaba en la sala de emergencias de un hospital psiquiátrico. Creí que era una simple sala de espera. Ya había pasado otra hora más, fui a recostarme en una de las habitaciones de descanso. Al llegar ahí, me topé con un sujeto de tez oscura, tenía pelo negro y la piel aceitunada. Era latino. Entablamos una conversación sobre "Don Quijote" de Miguel de Cervantes. También me contó que ejercía como profesor de literatura en la Universidad de Stonybrook, me impresionó. Siempre las personas cultas y sabias me han impresionado. Discutimos sobre la tristeza y futilidad del sueño de Don Quijote. Concordamos con el hecho de que Don Quijote haya perseguido una estrella fue un acto penoso, pero al mismo tiempo noble. Bajo mi punto de vista, parecía ser una contradicción que el hombre de La Mancha pudiera llevar una vida de desilusión y nobleza. Sin embargo, creo que yo también he estado luchando contra molinos de vientos a lo largo de toda mi vida.

Pasado un tiempo, me dirigí a la recepción. Una guapa y pequeña mujer japonesa había sido ingresada. Inmediatamente me sentí

11

atraído hacía ella, sin embargo, ya me encontraba comprometido. Compartía mi vida con una mujer que posiblemente me casaría. Desde la secundaria mi único interés amoroso fue mi novia. Me consideraba un hombre que puede mirar y hablar con otras chicas, pero nunca ser infiel, la amaba tanto. Luego, me senté en el área de recepción sin decir ni una sola palabra. La chica japonesa estaba sentada justo al lado del tipo tranquilo. Naturalmente pensé que eran pareja. Finalmente, le pregunté si eran pareja con aquel tipo, contestó que no. Pensé que se conocían debido a que estaban sentados muy cerca, era un tanto extraño. Mientras hablábamos, ella comenzó a observarme lujuriosamente. Su mirada me hizo sentir incómodo. Dejó de hablar y no hacía más que mirarme, mientras, sensualmente, se chupaba uno de sus dedos. La conversación terminó, sin embargo, aún seguía mirándome mientras se chupaba su dedo. Me vi en la obligación de decir algo. "No estoy interesado en ti debido a que ya tengo una novia", fueron las palabras que salieron de mi boca. Me respondió que no le importaba. Seguía mirándome y chupándose el dedo. La situación se volvió insoportable. A esa altura de mi vida, me consideraba como una persona atractiva, pero esta situación había ido demasiado lejos. Debido a la forma de actuar de la mujer, pensé que se trataba de una ninfómana. De ninguna forma me involucraré con ella, no sólo quería ser fiel a mi novia, también quería evitar contagiarme de alguna enfermedad venérea, que de seguro esta mujer padecía más de una.

Miré al reloj nuevamente, en ese momento todo cambió. Estaba consciente que había permanecido en ese lugar por horas, sin embargo, el reloj aún marcaba las 4pm. Miré al reloj una vez más. La manilla pequeña se encontraba en el 4 y la grande, en el 12. Empecé a hacer cálculos. A las 4pm llegué a este lugar, y ahora, ¿seguía siendo la misma hora? Estas personas no están aquí para ayudarme, están aquí para mantenerme atrapado. ¡Están aquí para esclavizarme! Están aliados con el gobierno. ¡Maldición!, me han atrapado en una de sus celdas, bajo siete llaves, y no tengo oportunidad de salir. Me dirigí hacia la salida. Un guardia de seguridad con chaqueta roja me dijo, con voz fuerte, que me aleje de la puerta. Esto es ridículo, pensé. ¡Soy estadounidense!, ¿Cómo es posible que estas personas me mantengan prisionero en contra de mi voluntad? No he violado ninguna ley. ¡No he herido a nadie!

Sentí el mismo sentimiento que debió haber sentido Jesús. Él fue injustamente perseguido durante toda su vida, al igual que yo. Pude haber sido un narcotraficante en muchas ocasiones, haber agarrado un arma y acertar, o simplemente, ser un perdedor más. Pude haber sido alguien desafortunado que nunca intentó algo en su vida, pude haber sido alguien que no trabajó lo suficientemente duro en su vida, como un conserje que intenta pagar sus estudios universitarios. He tenido una vida difícil. No merezco ser tratado de este modo. No está bien. Sin embargo, Jesús perdonó a sus enemigos. Lo mismo haré. Comencé a razonar sobre mi situación, sabía lo que había sentido Jesús, por ende debo ser su encarnación.

Algunas imágenes se me vinieron a la mente. Existe una película excelente llamada Amadeus, que da crónica de una posible, pero poco probable teoría sobre la muerte de Mozart, el que pudo haber sido asesinado por Salieri, uno de sus competidores. Al final de la película, después que Salieri confiesa su participación en la muerte de Mozart, el sacerdote escuchó su confesión. Al encontrar un corazón tan malvado, el clérigo quedó completamente atónito. La escena se corta cuando Salieri es llevado a un asilo mental y empieza a absolver a todos sus compañeros internados. "Te absuelvo", "te absuelvo" repetía, mirando a cada persona que pasaba ante sus ojos. Repetía esas palabras a los que se encontraban tras las celdas y encadenados, se ríe macabramente y dice: "Los absuelvo a todos". Finalmente, el filme concluye. Por alguna razón, en este aspecto de la película, Amadeus pasó por mi mente en el mismo momento que supuse ser una reencarnación de Jesús. Creo que yo, al ser una mejor persona que Salieri, realmente tenía la capacidad de absolver a las personas. Pienso que las personas reconocerán mi benevolencia, y se sentirán mejor considerando el lugar en el que se encuentran. Camino por la habitación diciendo: "Te absuelvo". No estaba preparado para lo que sucedió después.

Me percaté que había mucha actividad detrás de la puerta, donde estaba la mayoría de las personas que visten trajes blancos. Dos hombres fornidos que vestían también de blanco, salieron de la habitación donde se encontraban los doctores y las enfermeras. Me sujeté fuertemente a lo que pude, sin saber lo que podía suceder. Otros sujetos vestidos de blanco también me cargaron desde atrás. Rápidamente me encontré rodeado por seis tipos, dos hombres gigantes sujetaron mis brazos y un tercero se puso detrás de mí con algo que sentí como una pistola. Me llevaron a una habitación donde, seguramente, iba a morir. Con certeza me matarían. En ese preciso instante gritaba y pataleaba en todas las direcciones.

"¡Déjenme ir!", grité. Dentro de la habitación pude divisar una camilla. Me arrastraron hacia ella. Me faltaba fuerza para poder resistirme a todas las manos. Eran demasiadas. Después de que me acostaron en la camilla, me cubrieron la cabeza; estaba envuelto en oscuridad. En ese momento recordé una película enfermiza que había visto hace 2 años llamada "Las Caras de la Muerte", donde algunos sujetos satánicos supuestamente estaban teniendo una orgía con la muerte, todo fue registrado en video. Este pensamiento intensificó el pánico que sentía. ¿Tenían pensado comerme vivo? ¡No dejaría que eso me sucediera! Luché y luché, sin lograr nada. Me sentía como un cordero camino a ser desollado. Entonces, todo tomó sentido. No se trataba de un complot del gobierno, era una conspiración de Satanás. No queda duda que esta confabulación pudo continuar por mucho tiempo sin ser descubierta. Luego, después de lo que pareció ser una eternidad, me encontraba recostado sobre una camisa de fuerza. En el medio de la camisa estaba escrito "¡No!" por lo menos veinte veces. ¿Qué cosa estaban tramaban estas personas? Pensé que me asesinarían, mas nunca me volvería uno de ellos. No obstante, le temía a las consecuencias de no ser parte de su poder infernal.

Luego escuché unas risas disimuladas. Me pude percatar de niños rondando en mi habitación. Había tres pequeñas niñas. La situación me asustó. ¿Cómo es posible que estas personas hagan actos tan atroces en frente de niños?, pensé. Las niñas reían y jugaban, ajenas a mi tortura. Me miraron, de la misma forma que lo hicieron los adultos, con ojos vacíos y hambrientos. Estas niñas deben ser el engendro de Satanás, la mezcla de su inocencia con maldad me horrorizaba profundamente.

Mientras luchaba grité desesperadamente: "¡¿Por qué nadie me ayuda?!" Uno de los hombres con chaqueta roja que me sostenía la cabeza con sus manos, sin dejarme posibilidad alguna de moverme, me dijo: "Estamos intentando ayudarte". Sí, lo sabía, pensé. Satanás es el padre de las mentiras por excelencia, y este demonio está haciendo lo mismo que él. ¿Por qué no me quiebra el cuello de una sola vez y termina con este sufrimiento? Eso sería lo más humano. No. Todos querían verme sufrir, todos quieren que renuncie al bien. Eso no sucederá, aunque me considere un ateo. Desconocía que estas fuerzan actuaban en el campus de la Universidad de Stonybrook. Esperaré hasta que salga de aquí, y haré que todo el mundo se entere de lo que realmente está sucediendo en este hospital. ¡Enfermos! Este sitio es sólo la fachada de una sociedad secreta. Me pregunto cuántas personas fuera de este hospital son actores que ayudan a estos retorcidos a atrapar gente común en un lugar tan diabólico como éste.

Los hombres y mujeres con chaquetas blancas, que supuestamente eran el personal médico, finalmente salieron de la habitación, incluido el guardia que pretendía quebrarme el cuello. Sin embargo, las pequeñas niñas permanecieron ahí. Con el paso del tiempo, observé a las pequeñas jugar sobre el piso institucional color blanco de mi habitación. Parecían niñas normales, sin embargo, podría decir que había algo misterioso en ellas. Algo no andaba bien.

Finalmente, después de haber estado confinado en la camisa de fuerza, situación que me pareció eterna, un hombre gigante de casi 2 metros de altura junto a un hombre con chaqueta roja soltaron las amarras de la camilla. Me condujeron hacía la puerta por la cual había entrado la primera vez a este lugar. Mi corazón latía rápidamente, aunque sentía mi cabeza un tanto pesada. ¡Quizás planeaban liberarme! Abrieron una puerta enorme de metal. Inmediatamente, abrieron otra puerta similar. Me están sujetando los brazos, impidiendo que me escape. La segunda puerta se abre, y pude ver a... ¡Mi Familia! ¿Cómo podían estar aquí? ¡Supuestamente se encuentran en Manhattan! ¡Dios Mío! ¿Qué está sucediendo? ¿Por qué están aquí? ¡¿Vamos a morir todos juntos como familia?! "¡Nooooooo!", mi mente gritó. Sin embargo, no pude escuchar nada de lo que sucedía a mi alrededor. Me debieron haber inyectado algún tipo de sustancia. Extrañamente, estos tipos no parecen molestar a mi familia. Ningún miembro estaba siendo restringido. Me llevaron hacia ellos, no pude leer sus rostros. Mi familia: Mamá, Papá y Leaf se encuentran ahí. No lograba comprenderlo. ¿Están conspirados con el Demonio? ¿Por qué no hacen algo para ayudarme? ¿Me están utilizando como alguna clase de experimento médico viviente? ¿Qué está sucediendo? Me están arrastrando hacía un ascensor. Subo. No estoy muy consciente de toda la situación. La última cosa que recuerdo es haber visto la enumeración de mi habitación.1010. Genial, mañana seré otra historia en la estación radial 1010 WINS de Nueva York. Sólo parte de la estadística. Mi muerte será vista como un mero accidente. Lo puedo firmar.

Literalmente, los dos días siguientes son un recuerdo difuso. Me acuerdo que una sombra lo cubría todo, sólo vi oscuridad. Algunos puntos de luz se veían a través de las paredes sombrías de mi realidad, mas lo que realmente me envolvió era sólo oscuridad. Se encontraba dispersa por todos lados.

Lo primero que recuerdo es a una enfermera diciéndome que me presentaría a "el equipo". No tenía ni la más mínima idea qué hacer. Pensé que si decía una mentira lo suficientemente buena, ellos me perdonarían, y en consecuencia, me dejarían en libertad. Esperé sentado hasta que me hicieron pasar a un gran salón con quizás 15 personas con chaquetas blancas.

¿Por qué estás aquí?, uno de los doctores me preguntó.
Decidí mentir. "Ingerí algunas píldoras rojas. *Speed*", señalé. "Supongo que me activó el cerebro, las tomé para rendir bien en un examen".
"No encontramos indicios de drogas en tu orina", dijo el doctor.

Estaba atrapado dentro de mi propia mentira. Si no pensaba más rápido que estos hábiles mentirosos, mi estadía en ese lugar se prolongaría por mucho tiempo más. Pensé. Sin embargo, sabía que no podía timar a estos seres infernales, por ende, permanecí en silencio. El doctor continuó: "El Speed viene en píldoras rojas, pero no podemos encontrar indicios de éstas en tu cuerpo".

Permanecí en silencio. Al mirarme, sus ojos infernales quemaban mi cabeza. Me preguntaron un cúmulo de otras interrogantes. No recuerdo con claridad lo que me preguntaron. Finalmente, me sacaron de la habitación. Me alivió el hecho de haberme apartado de ellos.

Pensándolo bien, sí. Las anfetaminas afectan a la dopamina que se encuentra en el cerebro, al igual que muchas drogas que se comercializan en la calle. No estaba "prendido" por ingerir Speed. ¡Me encontraba "drogado" de forma *natural*! Debido al exceso de estudio y trabajo esos 2 años en Stonybrook, algo colapsó en mí.

Aprendí que existe algo llamado la teoría dopaminérgica de la esquizofrenia. Ésta postula que el neurotransmisor excitatorio tiene relación con la esquizofrenia. Las drogas más antiguas bloquean el efecto de la dopamina en el cerebro; producen el efecto contrario que la mayoría de las drogas callejeras. Entiendo que bajo los efectos de la cocaína uno se siente demasiado bien. Me sentía naturalmente bien. Mientras mayor sea la dosis de una droga antisicótica, peor es el efecto que uno siente. Esto ocurre precisamente debido al efecto que ejerce la droga sobre el centro de placer ubicado en el cerebro.

En algún punto, bajo la oscuridad de los primeros días de hospitalización, recuerdo que me encontraba en una habitación mediana, con un montón de sillas, como si estuviesen ordenadas para una reunión. Algunas de esas personas vestían trajes blancos. Recuerdo que algunos de estos que se encontraban en el primer piso, eran los trabajadores del demonio. Sus falsas sonrisas y ojos hambrientos me horrorizaban. Recuerdo que los "doctores" caminaban por el salón, preguntándoles a las personas por qué estaban en ese lugar. Seguramente era una artimañana. La utilizaban para eliminar lo fuerte de lo débil, el trigo de la paja. Se preparaban para cosechar nuestras almas. Estaba seguro. Sentí que debía intentar demostrar que era lo suficientemente fuerte para sobrevivir, mostrándome como una persona insensible y dura.

Aguardé hasta que los pensamientos que corrían por mi cabeza empezaran a detenerse. En el grupo había una mujer caucásica de mediana edad, que por un momento habló, con cierta dificultad, sobre el motivo de su estadía en ese lugar fue la muerte de su marido, tema que la hizo entrar en una profunda depresión. Habló sollozando; lo que me quebró el corazón fue verla soportar la situación, pero tan pronto como pude, tomé la oportunidad de salir de ese lugar haciéndole burla por la muerte de su marido. La llamé débil. En ese momento hubiese hecho cualquier cosa para poder huir del infierno en el cual me encontraba preso. Me atrevería a hacer cosas que nunca pensé. La manera en que los "doctores" me miraron, me dio a entender que mi estadía en ese lugar se prolongaría. Me acuerdo que la mujer lloró. ¿Qué demonios tenía que hacer para poder salir de este lugar? ¡Maldición! Además, me sentí mal debido al llanto de la mujer. Sin embargo, no le podía pedir disculpas. Eso sólo demostraría que soy un tipo blando. Sabía exactamente lo que le sucedía a las personas débiles que estaban alrededor de Satanás.

Ése es el único momento que recuerdo con lucidez cuando comencé mi hospitalización. Perdí la noción del tiempo. Los días pasaron, y lo único que recuerdo es haber despertado en una cama diferente a la que tengo en el dormitorio en Stonybrook. Logro levantarme atolondradamente, con un dolor de espalda. Me percaté que estaba sentado en una camilla y que todo lo que había sucedido en la sala de emergencias pasaba por mi cabeza como si fuese una película de terror, y yo actuara como el personaje principal. Reflexioné sobre lo que les sucede a los protagonistas en esa clase de películas. Algunas veces toma algún tiempo, algunas veces es rápido... sin embargo, terminan muertos.

17

Resolví sentarme y observar mi habitación. Los pies me colgaban, vestía un traje de hospital y la camilla tenía el respaldo un tanto elevado. Eso explica el dolor de espalda, pensé. Observé que los primeros rayos de luz iluminaban justo a la camilla que miraba hacia la ventana. Esa luz me recordó todas las cosas buenas de la vida. Mi madre, mi padre y mis hermanos: Leaf, Chung, Justice, mi novia, mi vida. Mi cuerpo y mente sanos, no consumía drogas, no era delincuente y trabajaba duro por mantener una vida estable.

Atesoré todo ese entendimiento dentro de mi corazón y lo mantuve ahí debido a que estaba seguro que sería necesario en el futuro.

Pude ver que había dos doctores. Una puerta institucional azul estaba justo delante de mí. Estaba cerrada. Había otra puerta a mano derecha. Se encontraba entreabierta, además venía un ruido desde el otro lado, sin embargo, quise explorar mi habitación para poder ver a qué me estaba enfrentando. Me percaté de conductos de ventilación cerca del fondo de la pared próxima a la puerta, luego sentí el desfalleciente olor a azufre en el aire. Tenía sentido que estas personas me colocaran en un ambiente como éste. Ellos querían que yo notara la lealtad que le tenían a Satanás, entonces nada mejor que hacerlo mediante olores, fuego y azufre que provienen del infierno; aquel azufre que es la fragancia del sulfuro que permeaba toda mi habitación.

Fácilmente me levanté de la camilla usando mis brazos fuertes. Observé el resto de la habitación mientras me ponía de pie y comenzaba a sentir el frío del piso. La habitación era blanca, toda blanca, deprimentemente blanca. Había una ventana cuadrada a la izquierda de mi cama por la cual la luz se reflectaba con un color amarillo cálido y revitalizador. Había un tocador de madera y una silla grande, plástica y azul. El piso estaba revestido con baldosas institucionales de color blanco; era como el de los pasillos que me había tocado limpiar en el primer piso del Departamento de Ciencias Sociales cuando trabaja y estudiaba al mismo tiempo.

Me vi en la necesidad de ir al baño. Pude apreciar que desde la puerta izquierda provenía mucho ruido para ser un simple baño, entonces decidí encaminarme hacia la puerta que estaba adelante. La abrí. Resultó ser mi baño. Éste era pequeño, estaba equipado con baldosas, un espejo de metal pulido, un inodoro, una ducha y otra puerta institucional color azul. Creo que este baño es de uso compartido. Qué placentero. Usé el inodoro para orinar. Luego escuché y sentí una presencia demoníaca rondando mi habitación. A causa de la presencia, entendí que debía controlar todo lo que hiciera en este lugar, inclusive mi orina. Ir al baño es un alivio, y todo alivio es placentero. Lo hice, incluso poniendo mi vida en peligro. Mejor me mantengo sobrio, me dije a mí mismo. Rápidamente terminé mis asuntos y me retiré del baño.

18

Después de eso, decidí verificar qué había detrás de la otra puerta. La abrí. Lo que presencié fue muy extraño. Había personas en el pasillo, pero nadie parecía moverse. Parecían como si se hubiesen detenido a la mitad de camino, al igual que unas estatuas. El pasillo estaba mitad oscuro, mitad claro, y una de las luces parpadeaba. El salón estaba amueblado institucionalmente y parecía como si fuese un hospital normal. Me acerqué a un escritorio de madera con unos archivadores detrás de él. Inmediatamente, advertí mi nombre escrito en uno de los archivos, y empecé a analizar qué podía significar. En la Edad Media, las moralidades o autos sacramentales eran representados para enseñar y recordar a los campesinos ingleses que debían tomar con seriedad y profundidad la religión, transmitiéndola a todos sus seres queridos. Recordé mi clase de Literatura Inglesa Medieval que había cursado el semestre anterior y una obra dramática llamada "Everyman". En esta obra, el personaje principal se llama "Everyman". Consiste en una historia alegórica donde las cosas son etiquetadas según lo que representan. Everyman representa a todos los hombres y mujeres. Su travesía en la obra representa la búsqueda de las cosas requeridas para llegar al cielo. Para hacerlo breve, había un libro en la obra. Ese libro detallaba las acciones buenas y malas de "Everyman". Inmediatamente, supe que el archivo con mi nombre era el libro de mis acciones. Comprendí que este iba a ser el lugar en que yo sería juzgado.

Perplejo, me devolví a mi habitación, y me dirigí hacia la ventana que reflejaba la cálida luz amarilla. Luz pura. El problema radicaba en que la luz emanaba desde fuera del hospital. Correcto, me encontraba en la luz. Sin embargo, ésta estaba en el hospital, y yo me encontraba atrapado ahí. Me arrodillé e incliné mi cabeza mientras permanecí bajo la luz. Estaba consciente de que necesitaría ser lo suficientemente fuerte en este lugar, más fuerte que nunca. Susurré, silenciosamente, una oración atea... sin importar qué diablos es eso.

Capítulo 2: Una vida joven en un momento difícil, Hospital de Stonybrook, Habitación 1010

Uno de los primeros recuerdos que tengo cuando me encontraba encerrado en la sala del hospital era el ojo de Satanás. Bueno, eso es lo que creí avistar cuando me encontraba detrás de esas paredes, y miré la puesta del sol. Déjenme explicarlo. Usualmente, durante el día, el sol tiene un brillo amarillo alentador. Sin embargo, mientras el sol se pone, éste toma un color parecido al de la sangre. Ciertamente es rojo, por ende, cada día después de haber tenido ese pensamiento, temía que llegara el ocaso y la noche. La noche, específicamente la medianoche, me horrorizaba. En algunos libros se dice que la medianoche es "la hora de las brujerías". Mientras más tiempo estuve internado en el hospital, más creí en aquellos cuentos de magia negra.

Al día siguiente confirmaría todos mis miedos. Desperté y fui hacia la "habitación burbuja" donde estaban los periódicos, uno de ellos tenía en la portada una historia de LA Riots. Me impactó. ¡Demencia tanto dentro de esas paredes como fuera de ellas! Pensé que el mundo se estaba volviendo un asilo para todos.

Al recordar mi primera hospitalización, un evento me llamó la atención. Es el recuerdo de haber enfrentado a un enfermero psiquiátrico de casi dos metros de estatura. Llámenme loco, pero alguien que se atreva a confrontar a un tipo de casi dos metros, y sin utilizar algún tipo de arma... está claramente demente. Su nombre era Bob. Recuerdo la situación con exactitud.

Me encontraba en mi habitación, enfurecido debido a que los demonios me tenían atrapado. Para cambiar mi disposición y evitar sentir algún tipo de miedo, imaginé que mi corazón y cerebro estaban hechos de acero, sin embargo, cada ruido que provenía desde afuera de ella, me hacía saltar de miedo, debido a que no sabía cuándo terminaría el juego de "atrapa al ratón", siendo yo el mismísimo ratón. Me vi en la necesidad de sentir dolor para así endurecer mi determinación... un dolor purificador. Luego observé toda mi pequeña habitación. No había mucho que me pudiera hacer daño: una camilla y un vestidor de madera enorme. Fui al baño en busca de un espejo hecho de vidrio; el único espejo que encontré era de metal pulido, y el inodoro no se podía mover para ser utilizado como arma. Después, cerré mi puerta cautelosamente para que nadie se diera cuenta y pudiera detenerme. Finalmente, me dirigí hacia el armario.

Estaba tan pesado que no me pude subir, sin embargo podía volcarlo. Entonces, lo boté encima de mi pie, para así sentir dolor. Lo sentí. Mantuve el armario sobre mi pie por cerca de un minuto, el dolor seguía ahí. Pero no era lo suficientemente doloroso. Luego, me dirigí hacia la camilla, y pensé sobre cómo usarla para poder obtener el dolor necesario para despejar mi mente. Me acosté en el piso e hice que la camilla pasara sobre mi mano izquierda. Efectivamente, ahí sentí dolor. Sin embargo, ni la camilla que pasó sobre mi mano, ni el vestidor que cayó sobre mi pie fueron lo suficientemente dolorosos para poder ahuyentar todos mis miedos.

Finalmente, decidí salir de mi habitación. El pasillo se encontraba iluminado y limpio. Piso blanco, paredes blancas. Personas que obviamente eran almas perdidas caminaban en el pasillo como si arrastraran los pies. Los demonios, tanto grandes como chicos, que me mantuvieron preso en este lugar, se sentaron detrás de un escritorio largo de madera. Qué importa. Pude ver a dos mujeres que llevaban ropa sucia sacar una llave, abrir la puerta de metal que estaba a mi izquierda, y rápidamente, dirigirse hacia el otro lado.

Creí que sería fácil doblegar a una de estas pequeñas mujeres y obtener mi libertad, quizás demasiado fácil. Tenía que poner a prueba mi coraje y no elegir el camino más fácil. Entonces, caminé por el pasillo con forma de número ocho, hasta que vi a Bob sacar sus llaves y encaminarse hacia la salida.

Bob era de contextura robusta, un tanto delgado, pero no mucho. Saludable también. Recuerdo que me dijo ser un hombre de 1.82 metros de estatura. Luego, tan pronto como lo vi sacando las llaves, lo seguí. Al ver mis movimientos agresivos, gritó: "¡Detente!" Quedé paralizado. No me pude mover. Fue como que utilizó magia para controlar mi mente. Me detuve justo afuera de la puerta de metal, inmovilizado, me pareció una eternidad, cada vez más lejos de alcanzar mi libertad. "Código M, diez norte, Código M, diez norte", vociferó el intercomunicador. Aún paralizado, divisé a cuatro tipos como de mi estatura, con chaquetas rojas, que venían hacía mí. Vestían guantes de látex. Me agarraron con firmeza. Cada uno me agarró una extremidad, y me alzaron hacía el cielo. Mientras permanecí suspendido en el aire, me llevaron hacia mi habitación y me ataron a la cama. Aquellas sogas malditas no se sentían exactamente como seda y lana. Después de un momento, cuando aún me encontraba amarrado, un enfermero entró y me preguntó qué estaba haciendo.

21

Sabía que él conocía toda la situación, por ende no le respondí. Luego, me miró el anillo de oro que usaba en la mano derecha, un regalo de mi madre para mi graduación de secundaria. Me dijo: "Vamos a llevarnos eso". Al decirlo, empuñé con fuerza mi mano. De ninguna forma dejaría que me quitaran algo que me obsequió mi amada madre, especialmente este anillo. Para mí, el anillo simbolizó mi independencia, el orgullo y amor de mi madre. Entonces, usando sus dos manos, el enfermero intentó abrir mi puño. Agarró mi pulgar y lo dobló hasta sentir que me lo quebraría. Lo inclinó tanto que fue realmente doloroso. "¡Detente!", grité. Inmediatamente, él dijo: "Dame ese anillo". No tenía opción. Si se me llegara a romper el pulgar, ya no estaría en condiciones de defenderme. A continuación, el enfermero sacó una loción de manos, puso un poco en mi dedo y lo frotó hasta que el anillo logró desprenderse de mi dedo. Maldito bastardo. "No lo podrás devolver cuando te encuentres muerto", fueron sus palabras. Sabía que estaba mintiendo. Sabía que iba a morir en este lugar. Probablemente en mi cama. Maldito bastardo. Después del sobresalto, todo había cesado. Aún me encontraba atado a la cama, sin poder levantarme. Había una enfermera afuera de mi habitación que me mantenía bajo observación. Obviamente no lo sabía en ese instante, sólo pensé que se trataba de otro trabajador infernal que me vigilaría hasta que su maestro decidiera mi destino.

Al reflexionar sobre toda esta situación, me doy cuenta de que lo que sucedió con el enfermero Bob es exactamente lo mismo que he estado haciendo toda mi vida. Nunca he tomado el camino más fácil cuando uno de mis principios ha estado en juego. Hablando de la Universidad, siempre elegí las asignaturas más difíciles para probar todo mi vigor mental. Nunca me he alimentado de los débiles, ya que todos somos frágiles en cierto punto de nuestras vidas. Siempre me he alzado a los desafíos éticos. Cuando se me dio la oportunidad, siempre acompañé a las personas desvalidas; si no era con algunas palabras, con hechos, en el tiempo que tuvo el poder en mis manos. He educado a mis hermanos pequeños como lo haría un padre, y he estado siempre disponible para mis amigos como si fuesen hermanos.

Desde la pequeña ventana de mi habitación, pude decir que estaba en lo alto. Exactamente en el décimo piso de un edificio enorme. Para nuevamente ser libre, pensé en unir un montón de papeles y descender por un lado de la construcción. Junté cerca de unas 50 hojas e intenté romper la ventana de mi habitación. El vidrió no se rompería fácilmente. Estaba haciendo un montón de ruido. El personal descubrió mis planes. Fui amarrado nuevamente por cerca de una hora o más. Detestaba aquellas sogas. Sin embargo, el personal hacía el mejor esfuerzo posible para evitar que me dañe a mí mismo.

Otro recuerdo se me viene a la mente. Solía ser un joven fuerte, sin embargo agreguen fuerza física a una fuerza de demencia mental, y pasaríamos a hablar de una cosa totalmente diferente. Recuerdo que por alguna razón, uno de los días que me encontraba en el hospital rasgué la cabecera de mi camilla. Luego, me arrodillé en frente de mi ventana y empecé a rezar bajo la luz que entraba a mi habitación. Luz pura. Quería que la luz llenara mi ser y me protegiera de la maldad que me rodeaba. No me pregunten por qué rasgué la cabecera de la camilla., hasta el día de hoy no tengo ni la más mínima idea. Sin embargo, recuerdo claramente la reacción del personal al ver lo que había sucedido. Aún me encontraba rezando para ser liberado de aquel maligno lugar cuando escuché unos pasos entrar a la habitación. Después escuché: "¡Mierda!", "¡Este tipo destrozó la cabecera de su camilla!" Sentí una señal de miedo en su voz, pensé. Continué, con la cabeza baja, rezando, esperando ser castigado por transgredir propiedad del Demonio. Nada sucedió. Algunos seres infernales que presumían ser doctores entraron en la habitación. Me preguntaron algunas cosas, las respondí. Nada sucedió.

Me dije a mí mismo que supuestamente Leaf tenía que estar aquí en una hora más. Mi hermano, Leaf, estaba en la secundaria e iba a venir a visitarme ese mismo día. Recuerdo haber pensado que él debió haber sido asesinado por los mismos bastardos que me tenían en cautiverio. Me enfurecí. ¡Nadie se mete con mi familia! Lo que sucedió después es un recuerdo borroso. Escuché "Código M, diez norte", y las personas de blanco corrieron por todos lados. Lo siguiente que recuerdo es estar atado nuevamente. Nuevamente sogas de cuero. No es bueno. Cerca de cuatro horas después, vi a mi madre con mi padre. Pensé que mi padre se había orinado sus pantalones debido al miedo. Tenía una gran mancha en su trasero. Me dijeron que Leaf se encontraba a salvo y que no tenía por que estar asustado. Lentamente se fue la tensión que sentía. Gracias a Dios que Leaf se encontraba bien, pensé. Mamá y papá se quedaron un rato y hablaron un poco sobre mis peleas con dragones. Maldición, sabía que había demonios y criaturas malignas por aquí, pero no había visto ningún dragón. Me pregunté cómo se verían.

Cada día, a las 5pm, el amor de mi vida solía visitarme. Sin importar que tan mal me sintiera ese día, verla nuevamente traía esperanza a mi corazón. Vivía para ver su dulce sonrisa y sentir sus besos suaves. Habíamos estado saliendo por tres años y medio desde la secundaria. Ella iba con un delicioso plato de comida china hecho en casa, o fruta, o flores, o cosas para leer. Hoy, ella me cantó. Estaba dotada con una de las voces más hermosas del mundo. Este enfermero que no soporto, se quejó de su hermosa voz. Sonreí, debido a que ella era mía. Ella era la razón más grande para permanecer vivo junto con mi esperanza. Luego, comenzó a entonar unas canciones folklóricas chinas. Hermoso. No puedo decir lo que significaban aquellas palabras. Los días se mezclaron hasta que se volvió un patrón predecible, por ende, había perdido la noción del tiempo. Esas clases de cosas pueden suceder en un lugar que está pintado totalmente de un blanco estéril.

Pensé que el poder infernal tenía un dominio absoluto sobre este reino. Me vi obligado a expeler toda clase de noción lujuriosa de mi cabeza. Logré controlar mis pensamientos. Controlé mis funciones corporales, hasta el punto de sólo comer 3 manzanas al día. Seguí este régimen durante 2 semanas. Mi peso corporal bajó de 83 kilos a 74 kilos. Para un tipo que mide 1.8mts, que normalmente come sobre 2.000 calorías por día, era muy difícil subsistirlas con casi 300 calorías diariamente. Recuerdo haber sido voluntario para una "limpieza total" del salón. Este trabajo consistía en ayudar a limpiar el desastre hecho por otros pacientes después de haber utilizado la cafetería. Me sentaba bajo la luz del sol, enojado, mientras todos comían. Era un trabajo muy difícil. Debido a que me encontraba hambriento, algunos desastres dejados por las personas olían y me parecían muy apetecibles. Recuerdo haber limpiado una compota de manzana que alguien debió haber derramado sobre el piso. Su fragancia, dulce aroma y benevolencia penetraron mis fosas nasales. Sin embargo, lo único que hice fue limpiarlo, junto con los otros desastres. Pasé un trapo sobre las mesas, y me devolví a mi habitación para sentarme en mi silla azul plástica. Pensé que tenía que controlar mis funciones corporales más primitivas debido a que éstas no son dignas de Dios, y la gula es uno de los siete pecados capitales. Quería estar en el lado de Dios.

Mi habitación era mi refugio. La puerta estaba siempre un tanto entreabierta. Si estaba demasiado abierta, me sentía incomodo por los sonidos infernales que provienen desde afuera de mi habitación, si la dejaba completamente cerrada, me sentía incomodo al estar solo con aquella presencia infernal. Después, me senté en la silla azul de plástico. Durante un rato, al comienzo de la hospitalización, solía sentarme en la silla y mirar a la pared que estaba al lado contrario. Imaginé que ahí sería el lugar en donde colocarán mi cuerpo después de ser asesinado por uno de esos pretenciosos adoradores del demonio. Debí haber mirado aquella pared blanca y vacía por al menos 400 horas al mes; la mitad de ese tiempo estuve ahí. Mi mente sólo giraba y trabajaba. No lo sabía en ese instante, pero el hospital era el lugar más adecuado para mí en ese momento. Me dio una oportunidad de encontrarme con mi persona nuevamente. Era una oportunidad que no hubiera tenido en otro lugar.

Mi amor me trajo manzanas y flores. Le pedí que me trajera manzanas ya que no eran muy ácidas, y son recomendables para comer con el estómago vacío.Comí la fruta lentamente por más de dos semanas y sólo 3 manzanas por día. Las flores simbolizaban nuestro amor. Sabía que morirían en aquel lugar si las dejaba ahí por mucho rato.

Entonces, para recordar su amabilidad, tomé una flor y la presioné dentro de un libro. Aún conservo aquella flor en uno de mis álbumes fotográficos. Lo que la flor significaba, cambió como nuestras vidas cambiaron. Cuando ella me regaló la flor estaba viva, al igual que nuestro amor. Ahora es una flor marchita, aplastada detrás de un celofán, un recuerdo de lo que alguna vez fue una algo hermoso. Aún es hermoso, pero está muerto. Es lo mismo que le sucedió a nuestro amor.

Una de las enfermeras le debió haber dicho a mi amor que yo no estaba comiendo lo suficiente. Es por eso que al otro día ella me trajo unos fideos deliciosamente condimentados. Trajo la comida dentro de un recipiente Tupperware. Cuando destapó el recipiente, la habitación se llenó con el tentador aroma de una comida deliciosa. Le dije que no lo podía comer. Temía por su seguridad. Sentí que si accedía a comer, ella podía resultar herida por aquellos que estaban dispuestos a dañarla. Aquellos que nos querían hacer daño. Ella me convenció que probara sólo un poco. Pensé que no sería dañino. No lo fue. Después de dos semanas sólo con una dieta de manzanas, tener esta comida deliciosa en la punta de mi lengua impregnó mis sentidos. Era más de lo que podía soportar. No pude dejar de comer, devoré toda la comida que estaba dentro del recipiente. Ella parecía muy contenta. Después de un momento, noté que mi acto no había provocado daño alguno. Yo también me alegré. Ella se quedó conmigo una hora más, luego se fue. Su calidez fue suplantada por el frío y diabólico ambiente del lugar. Alguien gritó, no supe qué pensar. Fui a sentarme en mi silla azul, y empecé a mirar la pared. Me senté en la silla, miré el sol a medida que se ponía. Los matices rojizos que tomaba la luz llenaron mi habitación y su oscuridad: la oscuridad amiga de lo infernal. Entonces, esperé ahí hasta sentirme somnoliento. De alguna forma logré dormir.

Al siguiente día, noté que la cosa más grande que me podía provocar daño hasta ese momento eran las mesas de la cafetería. Quizás el dolor me volvería más creativo si dejaba que una de esas mesas cayera sobre mí. Pensé que sería una buna idea. Abrí mi puerta y me dirigí hacia el pasillo; las personas se alejaban de mi camino. Con 1.8 metros de estatura, puros huesos y músculos, y una mirada dura en mis ojos. Bien, me asusto cuando tengo esa disposición mental. Luego, entré en la cafetería, no había nadie ahí. Bien. Me puse bajo una de esas mesas, y la di una patada a una de ellas que la envió por los aires. Olvidé lo que sucedió después. Sin embargo, desperté en mi cama con un puñado de doctores y enfermeras a mi alrededor. Uno de los doctores se presentó. "Hola, soy el Dr. Bush", señaló. Genial, este personaje indio se burla de mí también. Él quería hacerme creer que es el Presidente. No lo creo. Es lo que pensé. Las miradas que tenían todos aquellos doctores y enfermeras me aterraron. Me daba miedo pensar sobre qué pasaría conmigo. Me encontraba amarrado y desamparado. El Dr. Bush sacó una aguja y me dijo: "No dolerá en lo absoluto". Me sacó sangre. ¿Para beberla y refrescarse?, ¡Malditos engendros chupa sangre del demonio! Después de una eternidad, dijo: "Listo". Estaba recostado sobre la camilla que se encontraba mojada con mi propia sangre. Qué trabajo más bien ensangrentado, Doc.

De vez en cuando, veía a la linda japonesa ninfómana que conocí en la Sala de Emergencia del hospital. No sabía qué hacer con ella. Siempre me miraba con unos ojos llenos de lujuria. No estaba dispuesto a engañar al amor de mi vida, por eso, seguí mi camino. Recuerdo una de esas tardes, quizás una semana en hospitalización, me encontraba en cama, intentando relajarme. Una figura entró en mi habitación. Levanté mis sábanas y vi a la niña japonesa. "¿Qué estás haciendo en mi habitación?", le pregunté. Ella no respondió, es más, intentó subirse a mi cama. Reaccioné. La saqué de ahí mientras le gritaba. "¡No intentes meterte en mi cama nuevamente y sal de mi habitación!" Ella no esperaba esa reacción, no lo creo. Finalmente, salió corriendo de mi pieza, despreciada. Ni siquiera intenté reconocer su existencia después de eso. En retrospección, quizás debí haber sido un poco más caballero, sin embargo, cuando te encuentras hospitalizado por problemas mentales y en un estado de desorden, es difícil actuar con mesura.

Mi doctor, Dr. Francés, era un loco. En muchas películas antiguas, el actor representa al demonio utilizando una barba de chivo y un bigote siniestro. No sabía de que otra forma describirlo. Bueno, esa era la forma en que tenía su vello facial. La primera vez que lo vi fue algo espeluznante. Pensé que me encontraba delante de Mefistófeles. Él solía estar en todos los lugares, observándome en situaciones y sitios inesperados. En una ocasión, me encontraba en un grupo que hacía fideos con mantequilla y ajo. De pronto, él apareció de la nada y empezó a interrogarme. Fue complejo tratar con todo este asunto. No recuerdo haberlo visto a menudo. En promedio creo haberlo divisado una vez al día durante las rondas matutinas.

Medicina. Central a cualquier experiencia en un hospital psiquiátrico en estos días es la medicina. No sé que medicamento me suministraron cuando estaba en la sala de emergencias. Me inyectaron algo, y me dieron pequeñas píldoras blancas, después supe que se llamaban Ativan. El Ativa me calmó un poco, pero la sustancia que me inyectaron era como una ráfaga de oscuridad envolvente.

Al final, me dieron un líquido para beber. Mezclaron esa cosa apestosa con jugo de naranja. Los doctores parecían satisfechos con eso. No era debido a que me causó un sarpullido rojo. Los doctores querían marcar el crecimiento del sarpullido con un lápiz mágico. Les dije que no quería que eso sucediera, y que posiblemente la medicina me esté causando esto. En consecuencia, dejaron de suministrarme esa medicina y empezaron a darme otra. Se llamaba Navane. La primera noche que la tomé, vi que demonios necrófagos caminaban por fuera de mi habitación. No pude dormir por un largo tiempo, no obstante, de alguna forma lo logré. Desperté debido a que una vibración provenía desde el radiador que se encontraba a los pies de mi cama. Era casi doloroso, y, ciertamente, no pude dormir. Las vibraciones también venían desde los conductos de ventilación. Luego, sentí una fuerte y dolorosa contracción muscular en mi espalda. "Genial", pensé. "Este nuevo medicamento será peor que el anterior". El día comenzó.

Después de haber despertado por las vibraciones, decidí ir al baño, que se pudran estos adoradores del demonio. Entonces, fui al baño y me alivié. Me cepillé los dientes y tomé una ducha. Bañarme era la única cosa placentera que me permitía hacer. Mi madre solía llamar a esa sensación de relajo como "El Ángel del Agua". Realmente necesitaba algo de ese poder angelical en esos días. La ducha terminó rápidamente. Salí de ella y vi que había una pequeña posa de agua fuera de ésta. "Malditos", pensé. Volví a mi habitación, me vestí. Mi madre me había traído algunos pantalones cortos con diseños de calaveras. Aún me quedaba coraje, sin embargo, nunca sería capaz de

27

vestir calaveras estando estas personas infernales en los alrededores, entonces me puse el traje de fatiga y una polera. Para aquellas personas que no saben qué son los trajes de fatiga, se trata de los pantalones convencionales que usan los soldados del ejército. Son los pantalones que tienen diseño para camuflarse. Pensé que eran "cool", incluso sabiendo que la guerra es un infierno. "Oigan, estoy en el infierno". Pensé que usarlos no sería algo incorrecto. Luego, me dirigí hacia la estación de enfermería para pedir una hoja de afeitar. La enfermera reaccionó como si estuviese pidiendo algo fuera de lo común, no obstante, obtuve lo que pedí. Creo que alguien me observaba mientras la estaba usando. No puedo recordarlo. Después la devolví. Aquellas hojas que usan en los psiquiátricos no son nada más que una Mach 3. Siempre terminas cortándote. Me corría un poco de sangre por la cara. No es algo bueno. Luego, esperé en mi silla azul, temía que me sacaran a la fuerza de mi habitación para ser comido vivo. Ese era el pensamiento que tenía diariamente, el pensamiento que siempre estuvo presente. Cerca de las 8am, una enfermera entró a mi habitación con más Navane. Ella parecía una persona feliz. Su nombre era Mary, al igual que la madre de Jesús. Debe ser una buena mujer. Luego, tomé la medicina, y ella me sonrió. Era raro ver una sonrisa en aquel lugar, me agradó verla. Respondí a su amabilidad. Luego, volví a mi silla y esperé. A las 9am, se servía el desayuno. Desayuné harina de avena, leche y jugo de naranja, era el desayuno típico. Aquel día, al mirar a uno de los pacientes elegir su propio desayuno, supe que yo también podía elegir el mío, por ende, empecé a hacerlo desde ese día en adelante. También comencé a elegir mis almuerzos y cenas. Era bueno poder controlar las cosas que comes.

Durante las rondas matutinas, los doctores me preguntaban muchas cosas. "¿Cómo te sientes?", uno de ellos me preguntó. Esa pregunta era frecuente cada día. Sentía que si la respondía correctamente, podría salir de ahí. Entonces, respondí: "Estoy bien, estoy enfermo, me encuentro en este lugar, estoy en la nada. Soy un hombre bueno. Por favor, déjenme salir". Siempre tomaban notas y dialogaban entre ellos, sin embargo, nunca supe lo que pensaban. Les dije: "No necesito medicamentos". Tal cual. Me sorprendieron cuando me dijeron, "Bien, no tendrás medicamento esta noche, y veremos cómo te comportas". Estaba extasiado. "¡Sin medicinas!", pensé. Pasé el día asustado como siempre, pero feliz como una almeja. Esa noche, no me ofrecieron Navae. Me acosté. Esperé dormir para poder superarme, sin embargo los fantasmas y demonios que estaban fuera de mi habitación parecían más amenazadores que nunca, más presentes. Por 4 horas, escuché personas gritando, riendo y haciendo desorden. De hecho, algunas personas empezaron a parecer etéreas. Luego, era como estar en la sala de emergencia psiquiátrica. El miedo estaba justo ahí, en mi cara, en mi habitación, en mi cabeza. Comencé a pensar que iba a morir aquella noche. Luego, pensé que quizás aquella medicina me adormecerá lo suficiente para no sentir estas cosas. Quizás no tengo que sentir esto. Decidí ir hacia un doctor y rogarle para que me dé la medicina. Me preguntó por qué. Le dije que en el libro de Joseph Conrad "El Corazón de las Tinieblas", antes de que el personaje principal muera, sus últimas palabras fueron "Oh, el horror"... Ahora sé lo que él estaba pensando, ahora es lo mismo, siento como "¡Oh, el horror! ¡Oh, el terror!" Por favor, dame más medicina. Lo hizo. La ingerí. No pude dormir mucho, sólo 1 ó 2 horas. Sin embargo, después de una hora, de alguna forma el terror se había disipado. Sabía que desde ese punto en adelante, necesitaría seguir tomando la medicina para mantener el horror y terror bajo control. Este entendimiento fue esencial para mi recuperación.

Recuerdo que uno de esos días se mezclaba con los otros cuando me encontraba en la 10 Norte en el Hospital de la Universidad de Stonybrook. Me encontraba vagando por el salón cuando me percaté de un panfleto que se titulaba "esquizofrenia". De curioso, lo tomé y comencé a leerlo. Había un pasaje que decía: "Algunas veces las personas que padecen de esquizofrenia creen ser Jesús". ¡Razoné que eso es lo mismo que me sucedió! Quizás padecía de esta enfermedad llamada esquizofrenia. Una semilla fue plantada en mi cabeza. Quizás esta vivencia tenía un nombre, y si lo tuviera, ¡podría tratarla!

Cualquiera que ha estado bajo custodia, sabe que necesitas unirte a un grupo para salir antes del hospital. No tenía idea, las primeras dos semanas me confiné en mi habitación y no tenía contacto con otros grupos. Fue complicado estar sentado todos los días, no obstante, me pude dar cuenta de cómo es la vida en el hospital. No tenía ganas de unirme a grupos de artesanía, debido a que tenía una gran cantidad de trabajo por hacer para la universidad. Finalmente, me uní a uno de esos grupos. Fui a cada uno de los tipos de terapias ocupacionales y recreacionales que pude. Era mejor que estar solo con los demonios. Al menos de este modo, estaba entre ellos.

¿Qué tiene que ver los hospitales psiquiátricos con la construcción de ceniceros? Creo que es algo que cada paciente psiquiátrico ha hecho en algún punto de su vida. Un poco de cemento, loza y, ¡tenemos un cenicero con un significado único! Cuando fui parte de un grupo, hice el mío también. Incluso esculpí dos azulejos en forma de corazones, uno que simboliza a mi madre y el otro a mi amor. Era una obra de amor trascendental. En ese instante pensé que no sería capaz de venderlos ni por todo el dinero que existe en el mundo. Ejercían demasiada influencia simbólica en mi mente. Pensé en dárselo a mi madre, pero probablemente lo perdería al tiempo después. Es divertido cómo las cosas se vuelven tan significativas cuando estás a punto de sufrir un colapso nervioso.

Adicionalmente, en bastantes hospitales psiquiátricos se realizan las reuniones comunitarias. Se tratan de reuniones en las cuales los pacientes hablan sobre sus preocupaciones y se conectan con los demás de una forma constructiva. No tenía ni la más mínima idea de qué hacer en las reuniones comunitarias. Todo lo que sabía era que el doctor encargado de dar los permisos para salir del hospital se encontraba ahí. Entonces, me aseguré de asistir a todas las reuniones. El nombre del doctor era Pass. Creo que él, quizás, pudo haberse cambiado de nombre para que las personas como yo captaran la indirecta. Hay que ser amable con el Dr. Pass. Tan pronto como supe que las personas podían optar a trabajos, y que esto era patrocinado por el doctor Pass, bueno, me ofrecí como voluntario para 3 trabajos. Fui miembro de un grupo de limpieza en la cafetería, guía y participé en otro trabajo que no recuerdo exactamente. Debido a que había participado en muchos trabajos, el Dr. Pass bromeó: "A este paso, habrás hecho todos los trabajos disponibles en sólo 2 semanas". Su manierismo era un tanto relajado, casi pude tomar el cumplido de una buena forma. Pude haberlo hecho si él no fuese alguna clase de demonio. Sin embargo, para sobrevivir en este mundo, necesitas ser político. Es por eso que me senté y sonreí.

Finalmente, aferrándome a lo que había demostrado debido a mi sanidad y buen comportamiento, me dijeron que podía abandonar mi habitación solitaria y cambiarme a una con un compañero de cuarto. Era un gran paso según mi enfermera. Me sentí un poco ansioso debido a que debía compartir mi habitación con un alma perdida, sin embargo sonreí y dije: "Tomaré mis cosas", y continué mi camino para ver hasta dónde llega el agujero de conejo.

Capítulo 3: Mis comienzos

Nací el 17 de diciembre del año 1972, en el Hospital Bellevue de Manhattan. Nixon aún era el Presidente de los Estados Unidos, la Guerra de Vietnam aún se desataba, y casi 46.000 soldados norteamericanos ya habían perdido sus vidas. Poco después de mi nacimiento, mi mamá usó un brazalete MIA-POW hecho de cobre pulido, y por debajo pegó mi etiqueta de identificación. Yo era su pequeño soldado. Mi madre me ha dicho que aquella fría noche de diciembre en donde nací, se desató un incendio en el hospital mientras afuera se encontraba nevando. Nací de forma prematura bajo una noche de frío intenso y fuego ardiente en la ciudad de Nueva York. La mezcla entre fuego y hielo colorearía el resto de mi vida, no en un sentido literal, más bien en uno figurativo. He tenido muchos momentos sublimes a lo largo de mi vida, he podido realizar muchas hazañas que requieren fuerza e inteligencia: esto ha sido mi fuego. He tenido muchos días solitarios y momentos triste, como le sucede a cualquier persona: esto ha sido el hielo que ha estrechado mi corazón durante tantos años.

Nací tres meses antes de lo normal, y como todos los bebés prematuros de ese hospital, me llamaron "un pequeño campeón". En 1972, muchos niños prematuros como yo no lograron sobrevivir. En aquellos días el cuidado de un "bebe prematuro" no era de los mejores. Sin embargo, la vida y la muerte son aún un juego. Algunas veces me he preguntado "¿Por qué nací apurado?" ¿Sabes qué?, no lo puedo recordar. Hasta el día de hoy siento que vivo de prisa. Quizás se debe a la ciudad en que nací y me crié, Nueva York. El andar frenético de la ciudad se introduce hasta tus huesos.

Mi madre se llama Marye Harris; en cuanto al nombre de mi padre, lo desconozco hasta el día de hoy. Todo lo que sé sobre él es que trabajaba como abogado.

Era mayor que mi madre, y según lo que ella dice, él intento ser un buen hombre. Tengo entendido que él tomó muchas causas sociales como abogado. Mamá dice que su amor era monumental ya que él fue capaz de pedirle la mano a su madre. Pero, cuando mi madre se negó a seguir su fe, el Judaísmo, él nos abandonó. Cuando este tipo se enteró que mi madre estaba embarazada, le dijo que no me quería conocer y nunca le daría dinero para mantenerme. Él era hijo de un rabino, y tengo entendido que también descendiente de la

31

casta Cohen. A los 33 años recién supe que los Cohens siguen el rastro de su linaje desde Aarón, hermano de Moisés hasta el primer *Kohen Gadol*. Por el lado de mi madre, nuestro linaje ha sido rastrado hasta Carlomagno, los peregrinos y otros destacables dentro de la historia. Creo que si investigas tu árbol genealógico lo suficiente, descubrirás que todos tenemos algún tipo de relación con alguna figura histórica, debido a que el mundo antiguamente era mucho más compacto. Mi madre era tan anglosajona como la mezcla de alemán, irlandés, noruego, francés, escoses y español. El pasado de mi padre biológico estaba en algún lugar de Rusia, debido a que es descendiente de una pareja Rusa-Judía.

Durante la mayor parte de mi juventud, odié a mi desconocido padre, y si hubiese tenido la oportunidad, con gusto le hubiese ocasionado daño. Creo que muchos niños que son abandonados por sus padres sienten eso. No me culpo por haberlo odiado. Aún creo que él tomó la decisión equivocada, abandonarnos. Se perdió el proceso de crianza, incluso creo que hubiese sido un buen padre. Sin embargo, el mundo era diferente por los años setenta. La sociedad en general era más rígida, menos compasiva que hoy, y según mi entendimiento, la sociedad judía aún más. Incluso hoy, muchos hombres judíos no se casan bajo otra fe. Me gustaría pensar que en esta sociedad más liberal, mis padres pudieron haber estado casados. Eso no es algo totalmente seguro, debido a que él era un judío ortodoxo. Pero, lo que fue, fue. Su amor no estaba destinado a continuar, y yo, el producto de aquel encuentro romántico, vivo como el fiel reflejo de algo que pudo haber resultado.

Mi madre estaba terminando de obtener su segundo título en el departamento de educación en Hunter cuando quedó embarazada de mí. Eso debió haber sido difícil para ella, los síntomas del embarazo más el estrés de las clases. Después de nacer, no era seguro si viviría o moriría debido a mi estado prematuro. Ella me visitaba cada día en el hospital. Debió ser terrible. Además, mi madre no me podía tocar, ya que estaba dentro de una incubadora. Me observaba cuando los doctores me alimentaban vía intravenosa, inyectándome en los pies, debido a que era muy pequeño para usar mi propia boca. Como mi madre lo cuenta, un día el doctor le dijo: "Vamos a intentar que Will beba algo de comida líquida, hoy sabremos si vivirá o morirá". Después del impacto inicial, pude ingerir la comida líquida; gracias a Dios y a mi propia voluntad, logré vivir.

El primer recuerdo que tengo es cuando iba en taxi hacia mi hogar, ahora con mi padrastro chino Yu Jiang, mamá y un montón de diversión que se convertiría en mi mejor amigo. Ese montón de diversión era mi hermano pequeño Leaf. Debí haber tenido 3 años. Debo haber tenido una gran memoria ya que aún puedo recordar algo de esa vivencia. Era de noche, el taxi recorrió a gran velocidad las calles del centro de Manhattan bajo las luces de la ciudad que nunca duerme. Supe que era el hermano mayor, y mi madre predijo que sería uno muy bueno. Desde mis primeros recuerdos, siempre he disfrutado ser el hermano mayor, que cría al menor.

En mi segundo recuerdo, mi madre me hablaba. Creo que Leaf se encontraba en algún lugar próximo de ahí. Yo era muy joven. Mi madre me dijo: "Will, este hombre (mi padrastro chino, Yu), es un buen hombre. Él nos va a cuidar, quiero que lo trates como tu verdadero padre". Pude sentir una gran tristeza en mi madre. Decidí hacerla orgullosa de mí, desde ese día en adelante me respeté como persona, e incluso decidí querer a mi padrastro como si fuera mejor que mi padre biológico. Este hombre debe ser mejor, pensé. Debí haber tenido casi 4 años. Lo más seguro es que poseía unos hombros grandes para soportar tanta carga emocional, incluso en aquel instante. Nunca me quejé, sólo sonreía mientras lo soportaba.

Mi madre y padrastro me dicen que, con casi dos años de edad, me subí al Mustang azul de él, y señalé con el dedo la letra M de McDonald's, haciendo una especie de sonido. "Mmmmm". Desde ese instante, mi madre entendió que sería un niño precioso. Después de un año y medio en el jardín infantil, fui adelantado a primer año de enseñanza básica debido a que era más inteligente que un niño del mismo nivel. Pasé de ser "el niño que acaparaba la atención de las pequeñas niñas" en el jardín infantil, a ser el niño más joven en un salón lleno de extraños. Recuerdo la noche antes de mi primer día de escuela, me sentía un tanto acongojado y temeroso debido a que sería parte de una sala llena de niños desconocidos. Mi madre me entregó algo de bienestar, sin embargo, a medida que pasó el tiempo, mis miedos pasarían a estar fundamentados. En los siguientes años, tuve conflictos sociales debido a diversas razones en la Escuela Pública 59.

Incluso cuando iba en sexto año, algunos profesores incompetentes me criticaban severamente. Recién habíamos salido de excursión cuando un profesor substituto comenzó a preguntarme algunas cosas que tenía escritas en una hoja de papel. Sabía cual era la respuesta

33

a cada pregunta; esa era mi actitud de niño irritante que siempre buscaba demostrarle al profesor que había puesto atención. El resto de la clase se quedó en silencio. Entonces, este profesor de estatura baja, edad media y calvo me dijo en frente de la clase: "¿Crees que eres muy inteligente?, deja decirte algo: Si le diera a la clase una tarea y yo se las hiciera, ellos sabrían mucho más sobre el tema que tú, ellos serían mejores que tú". Esta lógica me devastó. Pasé desanimado durante el resto del día, y no levanté la mano en lo absoluto. Al mirar hacia atrás, es difícil creer que esa clase de personas puedan estar al cuidado de niños, y creo, que él reaccionó así debido a que se dio cuenta de mi inteligencia; se puso celoso y quiso hacerme ver mal. Debió haber sido un hombre amargado.

A pesar de todo, aún no perdía el encanto por aprender, y logré graduarme como el responsable del discurso de despedida de mi escuela. Esa responsabilidad era decidida por el "examen general", una prueba extensa que se les tomaba a todos los alumnos de sexto año en la ciudad de Nueva York. Alcancé el 1% de los mejores resultados de la ciudad en comprensión lectora y matemáticas. Eso significaba que, supuestamente, podía leer y realizar ejercicios de matemáticas como una persona apunto de salir de la secundaria. Recuerdo con claridad la ceremonia de graduación, todos iban a recibir "el premio al mejor de algo", y otras condecoraciones, con mucha atención y entusiasmo. Luego, el premio al estudiante escogido para pronunciar el discurso de despedida fue anunciado. Resultó ser una congratulación muy breve, me dio la impresión que los profesores apresuraron el proceso, sin saber la razón. No comprendía a cabalidad lo que realmente este premio significaba, hasta que miré mi presea con la inscripción "Primero en la promoción".

Me consideraba un buen lector gracias a que mi madre puso mucha atención sobre mis habilidades lectoras desde muy pequeño. Hasta el día de hoy, ella diría que "nací para leer". Solíamos colocar cartas por todo el apartamento, finalmente las leíamos juntos. Mientras fui creciendo, íbamos a la Biblioteca Donnell por el puro gusto a la lectura. Recuerdo esos días. Siempre disfruté ir a la biblioteca. Cuando estaba en cuarto año, me fascinaba la mitología griega. Creo que la mayoría de las personas cuando entra en contacto con la mitología griega, lo disfrutan. Logré memorizarlas hasta el punto que, un día, en un viaje al Museo Metropolitano de Arte, el guía nos preguntó si alguien conocía la historia de Hércules. Resultó ser que Hércules era uno de mis personajes favoritos de la mitología griega, por lo que no dudé en levantar la mano. El guía me preguntó si le podía contar la historia de Hércules a mis compañeros. Por los siguientes cinco minutos o más, recité una de las versiones que se barajan sobre su muerte. Fue entretenido compartir un poco de mi conocimiento con los demás.

No siempre fui bueno en matemáticas. En segundo año, tuve problema con la tabla de multiplicación, no la entendía a cabalidad. Para mi padrastro Yu, no tener habilidades matemáticas era inaceptable. Él decidió que ese mismo verano me iba a ayudar a incrementar mis habilidades matemáticas durante un viaje familiar al Lake George. Fue en aquel verano cuando aprendí a pensar de una forma matemática.

Cuando estábamos en Lake George, nos quedamos en una casa de un solo piso que quedaba a cinco minutos del lago. Éste resultó ser uno de mis viajes favoritos de mi niñez. Cuando recién llegamos ahí, estaba enojado por que me perdí el último capítulo de "Los Dukes de Hazzard". Me enorgullece decir que aquel verano aprendí a vivir sin la televisión. El campo es una bendición para un niño de ciudad. Mezclado con el estudio de las matemáticas, ese verano fue muy divertido en compañía de mis hermanos Leaf y Chung. Íbamos a nadar, pescar, andar en bote y hacer deporte bajo el sol. Buenos momentos. La única cosa que me incomodaba eran las clases de matemáticas de mi padre. Haciendo memoria, esas clases eran como una medicina, dejaban un sabor amargo en tu boca, sin embargo, eran buenas para tu salud. Usábamos libros para aprender. Estoy seguro que aún se vende la colección de libros para matemática Spectrum. Tenía que completar una página entera de ejercicios cada día. No podía jugar o hacer algo entretenido hasta terminarla. Leaf realizaba ejercicios también. En el comienzo, fue difícil hacerme el hábito de estudio, sin embargo, cuando el verano terminaba, mis habilidades matemáticas y disciplina eran mucho mejores. A ese nivel no estaba nada de mal; las matemáticas usualmente me tomaban una hora debido a que había aprendido a trabajar rápidamente. Había aprendido a resolver ejercicios de todo tipo: calcular interés simple y compuesto, áreas y superficies, volúmenes, el Teorema de Pitágoras, etc. Al regreso de las vacaciones, habiendo sido siempre uno de los peores alumnos en la clase de matemáticas pasé a ser el mejor en cuarto grado. En retrospección, fue sorprendente cuánto crecí con algo de atención.

Chung y Leaf eran tipos geniales con los que compartí en Lake George. Esa fue la primera ocasión que pude realmente compartir con mi hermanastro Chung. Encontré fascinante su interés por la serie Crónicas de Narnia. Él me prestó un libro titulado "La Silla de Plata". Recuerdo que los gigantes y la magia del mundo de Narnia me atrajeron como nada lo había hecho anteriormente; realmente nunca había leído ficción. Antes de esto, sólo me interesaba la lectura realista. No obstante, este modelo de lectura cambiaría desde ahí en adelante, debido a la influencia de Chung. Desde ese instante, la mayoría de los libros que solía leer por diversión eran ficción. También, Leaf y yo aprendimos a pescar con Chung ese verano. Nuestra primera caña de pescar estaba hecha sólo de cálamo. Los tres compartíamos una. Pescábamos carpas y días soleados con unos anzuelos de acero americano. Encontré que Chung era un tipo agradable cuando lo vi por primera vez, y hasta el día de hoy lo sigo pensando. Descubrí que es bueno tener un hermano mayor.

Existe un montón de momentos inolvidables y experiencias memorables en mi infancia, una de éstas fue el día que Leaf se dio cuenta de que no éramos totalmente hermanos de sangre. Creo que él tenía 7 ó 8 años de edad. Un día, de la nada, mencioné que era una pena que no fuéramos totalmente hermanos. Él se descompuso, no me creyó en primera instancia, no lo podía aceptar. A mí me lo dijeron cuando tenía 3 ó 4 años. Le hice entender que estaba todo bien, que aún somos hermanos. Al día siguiente, su actitud positiva volvió. Una noche de sueño lo ayudó mucho. Siempre intenté darle a Leaf un poco de fuerza mental y seguridad; las cualidades que no eran otorgadas por mi padrastro. Creo que lo hice bien, debido a que Leaf llegó a ser uno de los chicos más populares de su curso. Me sentí bien por él.

Cuando Leaf tenía 5 y yo 8, recuerdo que él bromeaba mucho, al igual que la mayoría de los niños. Lo llevaba desde la casa a la escuela, solo, sin la supervisión de un adulto. Un día, nos encontrábamos bromeando en una esquina de Nueva York, y al momento siguiente Leaf se encuentra en la calle, y por poco su cabeza es aplastada por un bus. Maduré demasiado debido a ese momento. Desde ese instante, decidí mantener a Leaf sano y salvo. Ahora, me enorgullezco de no haber permitido que algo le suceda a mi mejor amigo, no sé como hubiese soportado esa situación. El sentimiento de culpa hubiese sido demasiado para mí. Además, mi hermanastra Dora no se hubiese podido haber casado con él. Sus dos hermosas hijas, Viki y Cindy nunca hubiesen nacido, y el mundo se hubiese tornado más oscuro debido a su perdida. Algunas veces me pregunto qué hubiese sucedido si dejo que algo terrible suceda, "¿Por qué tuve que cuidar de un niño

36

pequeño en una cuidad tan grande, cuando aún yo era sólo un crío?"

En retrospección, ésta es una de las experiencias que parece de interés clínico. Cuando era bien joven, miraba el armario de metal en mi habitación con mucho cuidado. Recuerdo haber visto muchos rostros que se reflejaban en ese armario, caras de demonios y almas perdidas mayoritariamente. Eran rostros que se reflejaban en el metal, modelos. Tengo un extraño don para crear caras desde objetos inanimados. No sé qué es lo que esto quiere decir sobre mi estado mental. Mi hermano Justice, años después, me hizo una prueba que consistía en buscar caras escondidas en una imagen. Supuestamente, la mayoría de las personas que hacen esta prueba encuentran 5 caras. Se te consideraba excelente si encontrabas 7. Yo encontré 12.

Capítulo 4: Una joven vida prometedora

Entre la enseñanza básica y media, crecí, realmente crecí. Aproximadamente 20.3 centímetros en 4 meses. Al principio de séptimo año, medía 1.8mts con 11 años. Estaba desarrollándome al igual que Abraham Lincoln. Durante la bienvenida de los alumnos nuevos, la cual consiste en golpear y perseguir a los mismos, los niños más grandes no me agarraron ya que pensaron que yo era uno de ellos. Además, tampoco elegí unirme a sus maldades. Pensaba que era incorrecto agarrar a los niños más débiles, debido a que ya pasé por esa situación en la primaria. Me colocaron en la clase especial de admitidos debido a que mis exámenes generales habían sido muy buenos. Los niños que entraban por admisión especial eran los mejores de la secundaria Wagner. Decidí ser un tipo popular. Deseaba ardientemente encajar, y lo hice. Me volví parte de los niños populares. Fue un buen cambio de ritmo. Aún era inteligente y siempre me sacaba buenas calificaciones, sin embargo, las calificaciones no eran del todo brillantes, ya que podía ser considerado como "no popular", por eso no me esforzaba demasiado en estudiar. A pesar de todo, era una buena época. Hice muchos amigos en Wagner que durarían hasta la preparatoria. Aún recuerdo a muchos de mis amigos con un buen sentimiento. Al momento que terminé Wagner, se me había otorgado 2 distinciones, una en ciencias y otra en matemáticas. Un diploma de distinción era la mejor condecoración que podías obtener en el estado de Nueva York. Un estudiante podía obtener un diploma de distinción sólo si pasaba las pruebas pertinentes. Me encontraba en el camino del logro académico a temprana edad. Al noveno año, di la prueba de admisión para los colegios especializados, siendo admitido triunfalmente en la Escuela Stuyvesant. Sólo los mejores alumnos podían ir a las escuelas especializadas, y en Nueva York, la escuela Stuyvesant era una de las más difíciles de ingresar. Era un gran logro.

Para mí, ir a Stuyvesant, en ese momento de mi joven vida, era como lo máximo. Era todo. Significaba que tendría un buen pasar y una vida exitosa. Recuerdo cuando me informaron sobre mi admisión, salí corriendo de mi habitación, y rebotaba de lado a lado por las paredes de mi antigua escuela como si fuese una pelota llena de felicidad. Era sorprendente lo que había logrado. En una de las partes del examen, logré ser el número 17 de la ciudad. Mi puntaje fue de 636 de 800 puntos, había superado el puntaje requerido para entrar por más de 100 puntos. ¡Victoria!

El primer día en Stuyvesant fue sobrecogedor. ¡Demasiados niños! Me encontraba perdido en un apretujón de jóvenes. El trabajo comenzó inmediatamente, se nos dio una gran cantidad de tareas desde el primer día. No se nos permitía perder el tiempo. Me di cuenta que sería un tipo muy social. No estudié mucho debido a que sabía que no podía permitirme ir a una universidad "Ivy League", debido a que mi familia no tenía los recursos necesarios, cosa que el tiempo se encargaría de corroborarlo. Me comporté de una forma muy social y disfruté mi estadía en Stuyvesant. Haría cualquier cosa para salir del trabajo. Ésa es la insensatez de la mayoría de la juventud.

Sin embargo, a pesar de no intentarlo, tenía talento. En Stuy, cuando un profesor de literatura nos daba un nuevo libro para leer, usualmente me lo devoraba la misma noche y lo tenía leído al día siguiente. Recuerdo que una doctora de Literatura, al preguntar si habíamos terminado de leer el libro que nos había asignado el día anterior, fui el único del salón que levantó la mano. Ella sólo me miró y sacudió su cabeza. Pensándolo bien, creo que no me creyó mucho. Tenía mi carácter, y también, una reputación por ser desordenado. Mirando hacia el pasado, lamento haberle provocado a mi profesora tanto sufrimiento.

Era un tipo popular y gregario, eran los años dorados de mi vida. Por alguna razón, las personas se abrían conmigo, era como el hermano mayor de todos. Estaba encomendado con historias muy personales de diferentes personas. Se me pudo considerar como un terapeuta. Creo que tenía la prestancia para decir "está bien, estoy contigo". Además, nunca juzgué a las personas. Nunca use mis fortalezas para fastidiar a las personas, las usé para apoyarlas. Un día todo esto se me devolvió.

Estaba paseando en el parque cerca de Stuy cuando una chica china, amiga mía, se me acercó. Era un día bonito de primavera. Me preguntó si se podía sentar. "Obvio", dije. Luego, ella me confesó algo que me alegró. "Antes de conocerte, Will", dijo, "Me daba miedo abrirme a las personas, a la vida. Pero cuando te conocí, tu influencia me ha hecho abrirme a las personas, y sólo te quería agradecer por eso". Estaba anonadado por sus palabras, y feliz por ella. No supe que decir, simplemente nos abrazamos. Fue un momento dichoso. Sabía que había tocado a mi hermano Leaf de una forma similar, pero haberlo hecho con alguien que no tiene mucha relación conmigo, fue un real honor.

Era un hombre físicamente muy activo. Andaba en bicicleta, corría, jugaba básquetbol, balonmano, deportes en general. Uno de mis "ejercicios" consistía en un arduo trabajo con flexiones de brazos. Recuerdo que una vez estaba en los Boy Scout, y uno de los chicos más viejos se jactaba de hacer cerca de 100 flexiones de una sola vez. Subconscientemente debí haber tomado eso como una meta en mi cerebro. Por ende, cuando mi cuerpo maduró lo suficiente para hacer ejercicios mayores, tenía ya una meta fijada. Cuando tenía 16 años, pensé que probablemente no crecería más, entonces me enfoqué en realizar ejercicios extenuantes. Comencé con 30 flexiones, quedé muy adolorido. Pero después de un tiempo, pude hacer 50, 60. ¡Finalmente alcancé las 100! Tuve que sobre ejercitarme para alcanzar eso. Despertaba por las mañanas y hacía 50, después al anochecer hacía 50 más. Lentamente incrementé el número de flexiones hasta que me vi haciendo cientos de éstas en las mañanas y durante la noche. Lo hice por unos meses, lentamente me volvía más fuerte. Recuerdo que leí una historia breve sobre Perceval que caminaba por Londres en la época de Jack el Destripador. En la historia, Perceval caminaba a través de las calles oscuras de Londres durante una noche aún más tenebrosa, en busca del Destripador. Era realmente una historia muy bien escrita. Finalmente, Perceval captura a Jack el Destripador. Terminó bien. Una de las razones por la que Perceval no tenía miedo era debido a su gran fuerza. La historia dice que él sentía como una "faja de acero" en su pecho. En ese entonces, comprendí toda la situación; yo también tenía una "faja de acero" en mi pecho.

Hacer cientos de flexiones sin un motivo alguno se vuelve aburrido. Finalmente, decidí que me impondría una meta e intentaría llegar a otro nivel. Mi meta fue alcanzar las 1000 flexiones al día. Durante una semana pensé si lo que estaba haciendo era lo correcto. Un día decidí hacerlo. Me di una tarde para llevar a cabo esta tarea. Mi primer conteo de flexiones fue de 100, me sentí bien después de hacerlo. Descansé por 2 minutos. Luego, hice otro conteo de 100, me sentí mejor. Descansé por otros 5 minutos e hice otra ronda de 100. Me sentí bien, pero no tanto como las primeras 100. Luego, hice otra ronda de 100, la terminé con firmeza. Ningún problema, pero decidí que si completaba las 1000, necesitaría conservar algo de fuerza. Las siguientes 12 rondas fueron de 50 flexiones. Era totalmente desafiante, y estaría mintiendo si digo que la última ronda de 50 fue tan buena como la primera, ¡pero fue así!, ¡Sí!, ¡Tomé cerca de 2 horas en completar las 1000 flexiones de brazos! Estaba exhausto pero feliz. Durante los siguientes días descansé. Mis músculos estaban muy resentidos después de los ejercicios, y algo sucedió que hasta el día de hoy me causa preocupación. Era una señal. Lo que sea que estaba haciendo con mi cuerpo, afectaba a mi cerebro. No sólo fue una señal física de ejercicio, también fue una señal mental.

Un día, después de no haber hecho ejercicios o flexiones por 3 semanas, me encontraba caminando por los pasillos de Stuy, y de la nada me entró un deseo de herir a una persona. Imaginé que podía ir hacia las escaleras y arrojar a alguien por el hueco de éstas. El impulso fue casi absoluto, casi. Decidí ir a la oficina de la enfermera, aunque una parte de mi estaba totalmente contrario a esta idea. Llegué ahí, y le conté a la enfermera de turno lo que estaba pasando por mi mente. Ella se alarmó y me dijo que debía recostarme. Lo hice. Después de 30 minutos, el impulso se había ido, y le conté lo que había sucedido. Ella me envió de vuelta por donde vine. Este pequeño incidente claramente me demuestra una sola cosa. Era el poder de mi entendimiento. Aunque tenía un fuerte impulso de romperle la cara a alguien, y en ese momento definitivamente no lo hubiese dudado, una parte de mí sabía que era lo incorrecto. Es a esa parte que le doy gracias, sabía lo que estaba haciendo en un nivel muy profundo, y este propio conocimiento es una ayuda cuando combates una enfermedad mental. Caramba, es muy útil.

Sin embargo, la experiencia más fuerte que tuve en Stuy fue mi primera novia. La llamaré "Love". Ella era una linda mujer china, mayor que yo. Fuimos a diferentes secundarias. Mientras yo fui a una muy selectiva, ella no, iba a tomar cálculo, al igual que yo. Ella no pudo creer que en Stuy teníamos 45 minutos de cálculo y estábamos por encima de su nivel, incluso ella tenía una hora y media de cálculo diariamente. Pensé lo mucho que estaba enamorado. Ella me hacía sentir vivo, tuvimos un romance joven. A ella le gustaba cuando la llevaba por las escaleras con un solo brazo. Ambos trabajábamos en la rama de Mid-Manhattan de la Biblioteca Pública de Nueva York.

Recuerdo nuestro primer encuentro romántico. Recién la había conocido unos días atrás, ella trabajaba en la sucursal de la quinta avenida. Íbamos a tomar el tren D juntos hacia su barrio en Brooklyn, en la playa Brighton. Tuvimos una conversación agradable, e inmediatamente, me sentí atraído por ella. Era un día frío de noviembre. Ella caminó por las escaleras hasta el tren D de la estación Brighton. Caminamos por el andén y nos sentamos uno al lado del otro. Recuerdo que ella tenía frío, por eso le presté la chaqueta de los "Cycopaths de Stuyvesant", mi equipo de ciclismo. Nos juntamos para no tener tanto frío, no obstante, estaba excitado y el frío se me había pasado. Ella me preguntó algo como: "¿Yo te gusto?", cosa que era obvia. Luego, pasamos por el mar, escuchando a las gaviotas y el murmullo del oleaje. Hablamos y nos abrazamos. Finalmente nos comenzamos a besar. Era una situación bonita y nueva para mí. Terminamos el día bajo el muelle, besuqueándonos. Cada vez que escucho la canción "Under the Boardwalk" de The Drifters, se me viene a la mente ese recuerdo, y siempre se me dibuja una sonrisa en mi rostro. Nos juntábamos bajo el muelle casi todos los días hasta que llegara el invierno. Nos comportábamos de una forma tan acalorada que, incluso con frío y lluvia, ambicionábamos estar juntos, bajo el muelle. Lo hicimos de esa forma debido a que ella temía que su madre descubriera que tiene un novio. Respeto ese sentimiento, y dejé que las cosas tomen su curso natural.

Recuerdo el primer día que fui invitado a la casa de Love. Estaba próximo a la avenida Ocean, la casa era pequeña y difícil de describir. Recuerdo unos gatos, eran por lo menos dos. Las mujeres de su familia se volvían locas por los gatos, descubriría pronto el porqué. Le gustaba a sus gatos, pareció que todo iba en orden. Su madre no podía creer lo alto y joven que yo era. En ese momento tenía 16 años y Love 21. Cuando ella me confesó su edad real, estaba tan enamorado que no me importó que sea mayor. Love tenía 2 hermanas y 2 primos, parecían muy unidos y felices. Viajé 2 horas cada día para estar con ella. Finalmente, comencé a quedarme en su casa a dormir a petición de su madre.

A Love le gustaba mi fuerza. Durante los últimos 4 meses de secundaria, trabajé en un centro de capacitación de operaciones computacionales para El Departamento de Desarrollo y Preservación de la Vivienda, que se encontraba cerca de su escuela. Nos reuníamos con frecuencia en el barrio chino y en su vecindario. Aquellos fueron buenos momentos. Nos reuníamos también en la playa Brighton, fue un periodo muy romántico en mi vida.

No todo era perfecto. Dejé que mis amigos se alejaran de mi vida. Mirando hacia atrás, lamento que mucho de mis buenos camaradas no estén en mi vida. Tenía la convicción que ninguno de ellos estudió lo suficiente, y que no quería que esa característica se fuera ahora que intentaba comportarme como un verdadero hombre. Para mí, había 3 cosas que me interesaban a esa altura de la vida. Love, mi educación y mi familia.

Capítulo 5: Haciendo un esfuerzo sincero: la Universidad de Stonybrook

Mi hermano menor, Leaf, es un escritor de talento. Él escribió el siguiente poema cuyo mensaje yo interioricé cuando era más joven.

La desigualdad de la vida

Si: verdad > una vida de champán,
entonces es fácil decir: vida = bella.
Si piensas que el sexo es una función de x,
o: (dinero + Harvard) = éxito
entonces: tú = engañado.
La vida es 10% buena si y sólo si
existe una mujer tal que
para cada acción
tenga una reacción igual pero opuesta.
La vida es 98% buena si y sólo si
1+3 = 42, porque la vida no es una
constante.

El poema habla de lo falsas que son las cosas que la mayoría de la gente asocia con el éxito. Creo que esta forma de pensar es una marca de haber sido criados entre pobreza pero con inteligencia. No nos dieron un BMW cuando nos graduamos de la escuela secundaria. Éramos conscientes de que cualquier cosa que obtuviéramos sería el resultado de nuestro propio esfuerzo. De este modo valorábamos menos las cosas materiales, considerándolas relativamente poco importantes. En la universidad yo pensaba que en mi vida sólo había dos cosas duraderas. Mi amor por mi novia y mi educación.

Recuerdo el verano anterior a mi mudanza al campus de la Universidad Estatal de Nueva York en el campus de Stonybrook. Necesitaba un empleo para complementar la pequeña cantidad de dinero que mis padres me daban para la universidad. Así, fui a Stonybrook a planificar mis próximos cuatro años. Caminé alrededor del amplio campus de la universidad, analizándolo. Fui a la Unión de Estudiantes para ver lo que se ofrecía. Tomé notas meticulosas en un cuaderno. Caminé alrededor del edificio de administración, donde encontré el departamento de Recursos Humanos. Fue allí en Recursos Humanos que me di cuenta que podía conseguir un empleo a medio tiempo como trabajador del Estado sin abandonar mis estudios de tiempo completo. Como carpintero me exigían 3 años de experiencia. Como obrero necesitaba una licencia para conducir. Yo tenía 17 años, así que no podía conducir todavía. En el tablero con las ofertas de empleo mis ojos se fijaron en el que decía "Limpiador de medio tiempo". No había requisitos educativos. Tenía que ser capaz de levantar pesos ligeros. No necesitaba un permiso de conducir. Me pagarían ocho dólares por hora. Qué bien. Apliqué para el trabajo y volví apresuradamente a la estación de tren. Abordé el tren a las 4:17 p.m.

Tres semanas después recibí una llamada de Stonybrook. Se programó una entrevista para mí, iba a encontrarme con el jefe del departamento de limpieza. ¡Estaba tan emocionado! ¡Ocho dólares la hora! Eso sumaba $32 diarios, $160 semanales. Tenía que conseguir este empleo para permitirme el lujo de estudiar en Stonybrook. Estaba dispuesto a hacer casi cualquier cosa para no dejarlo pasar. Así que conseguí un buen traje para la entrevista y boletos para el tren de Long Island. Luego, el día de la entrevista, lo peor que pudiera haber sucedido... ¡sucedió! Iba a llegar tarde debido a un retraso del tren. Temiendo lo peor llamé a la oficina del jefe para avisarle que no podía llegar a tiempo a la entrevista. Aceptaron mis razones y me urgieron a llegar tan pronto como me fuera posible. Así que me apresuré, utilicé un mapa para encontrar el edificio de mantenimiento de la universidad, la secretaria del conserje jefe me ofreció asiento y esperé con nerviosismo.

"Adelante", escuché frente a mí. Miré hacia arriba y vi a un hombre de mediana estatura, con una sonrisa en su rostro. Me tranquilicé. "Me gusta su traje", dijo él. Sonreí. "Gracias", le dije. Me evaluó visualmente de forma rápida. Se aseguró de que yo iba a ser un buen trabajador y le gustó mi actitud positiva, mi entusiasmo. Después de hablar unos minutos, se levantó y dijo: "El empleo es suyo. Vamos a ver cómo le va. Mi secretaria le dará su fecha de inicio". Le di las gracias y averigüé la fecha de inicio con su secretaria.

La noche anterior a mi primer día de empleo como limpiador de medio tiempo, tomé el último tren de la estación Penn en la línea de ferrocarriles LIRR (por sus siglas en inglés). Perdí la conexión de la estación Jamaica. Eso estuvo mal. Los trabajadores de la estación me dijeron que podía llegar a Stonybrook desde Long Island en taxi. Eso hice. Tomé un tren, y luego tomé un taxi hacia Stonybrook. Llegué a las 4 a.m., y debía comenzar a trabajar a las 9 a.m. Resultó afortunado el hecho de que tuviera que matar el tiempo por cinco horas. A las 9 en punto estaba donde tenía que estar. El jefe estaba complacido.

Tomamos una camioneta hasta el estacionamiento Sur P. Se trata de un muy extenso estacionamiento de concreto para los estudiantes que tienen que viajar hacia Stonybrook. El lugar está muy alejado del campus y ese día había muchos estudiantes. Está tan lejos que hay autobuses que llevan desde el Sur P a todos los lugares del campus. El día era soleado y templado. Las nubes se deslizaban por el cielo azul. Había un montón de basura en el suelo porque la semana anterior había estado ubicado allí un parque de diversiones temporal. Recuerdo a un joven puertorriqueño que empezó a contarme sus historias sobre marihuana. Yo simplemente me dediqué a hacer mi trabajo. El muchacho no parecía un mal tipo, pero yo no quería tener nada que ver con drogas. El día transcurrió con rapidez debido al trabajo físico, y cuando terminamos de limpiar el estacionamiento parecía como si el parque de atracciones nunca hubiera pasado por allí. Buen trabajo.

Fui a mi dormitorio más tarde ese día. Llevaba la ropa sobre la espalda y $2,50 en el bolsillo. Cuando me dio hambre recordé que había una tienda abierta las 24 horas cerca del campus. Me dirigí al lugar aún con el olor del dormitorio en mi nariz. Pero cuando entré a la tienda capté un olor que no es de la ciudad. Aire fresco en una noche oscura de Long Island. Mucho mejor que el aire de Central Park. En la tienda fui asaltado por las brillantes luces fluorescentes. La recorrí. Los perros calientes se veían bien, pero yo no tenía suficiente dinero. Así que compré un frasco de salsa gruesa Tostitos. Salsa para la cena. No era lo que quería, pero era la cena. Volví a mi dormitorio y bebí la salsa fría directamente de la jarra. El problema era que todavía tenía hambre. Sin embargo, no podía comer hasta el día siguiente, cuando estuvieran abiertos los servicios de alimentación. Por lo tanto, me acosté a dormir con hambre. Así terminó mi gran primer día en Stonybrook.

Se supone que el paso por la universidad es un momento de crecimiento. Pensaba en ello cuando asistí a una clase llamada COR 101. En ella se nos enseñaba la literatura canónica. ¿Qué es eso? El *canon* es la suma total de los grandes libros de la civilización occidental. Fue en esta clase que conocí a Homero y su *Odisea*, *La divina comedia* de Dante, la *Eneida* de Virgilio, la *Utopía* de Tomás Moro y muchas otras grandes obras. Esta clase provocó una pasión en mí por leer la gran literatura de la civilización occidental. Recuerdo al profesor, un alegre gordito de mediana edad. Tenía mucha energía. Contaba con un doctorado en historia de la Universidad de Harvard, por lo que era capaz de poner estas obras maestras de la literatura en un plano y un contexto históricos exquisitos, de una manera que un profesor de literatura no podría.

45

Los dos años de mi vida en Stonybrook anteriores a mi primera hospitalización consistieron en estudiar, comer, dar tutorías y repasar con Love, realizar mi trabajo de conserjería, poco más realmente.

Tenía tan poco dinero que no podía comprar una Coca-Cola para mis largas noches de trabajo. Y, una vez que los compañeros de una clase de actividad física se burlaron de un pequeño agujero que tenía mi calcetín, compré unos calcetines nuevos a regañadientes nada más porque no me gusta que se burlen de mí, no porque tuviera dinero para permitírmelo. Al final del segundo año ya tenía tantos créditos como para ser considerado estudiante de último año. Había pasado por algunas de las clases más difíciles de la universidad, y tenía la intención de tomar la carga de 23 créditos para el próximo semestre, incluyendo en ellos el arduo estudio de matemáticas avanzadas, ciencias y literatura inglesa. Era miembro de dos sociedades honoríficas: Sigma Beta y Golden Key. Las cosas pintaban bien para mí. Y entonces, un día todo eso se derrumbó.

Capítulo 6: El Difícil Trayecto Hacia Stonybrook

Conocí a un joven en la clase COR 101, creo que su nombre era Ganesh. Él era griego, y disfrutábamos hablar de los grandes temas de nuestra juventud: chicas, Dios y nuestras ambiciones. Nos hicimos amigos rápidamente. Recuerdo que hablábamos acerca de nuestros deberes escolares y siempre me pareció interesante oír su perspectiva de las cosas. Aunque frecuentemente estábamos en desacuerdo, nunca discutíamos. Era parte de la amistad: los desacuerdos amistosos.

Recuerdo una vez que comenzamos a debatir acerca de Dios mientras caminábamos por el campus. Mencioné los típicos aspectos negativos de como parece que a la mayoría de la gente religiosa les hubiesen lavado el cerebro, de que es imposible comprobar la existencia de Dios, y lo negativo que ocurre debido a las guerras religiosas como las Cruzadas y la Inquisición Española. Dije que éstas eran solo una de las pocas cosas que se habían hecho en Su nombre. Alex me miró y luego comenzó a hablar acerca de la estructura de las cosas. Argumentó sobre la existencia de Dios, si éste no existiese, ¿Cómo podría existir orden alguno? ¿Cómo podría haber un orden a micro o macro escala? Le dije que solo así es. Recuerdo que tuvimos nuestros desacuerdos un par de veces. A veces otras personas se unían a los debates. Siempre era divertido tratar de ver las cosas desde su punto de vista y creo que a él le gustaba ver las cosas desde mi perspectiva. Por lo general, cuando podíamos nos gustaba comer juntos. Solo salir y conversar mientras nos tomábamos una Pepsi. Me gustaba estar con él. Era una grata compañía.

Viví en las residencias universitarias G y H por un par de semanas. Eran los dormitorios para, primordialmente, los estudiantes de primer año. Odiaba estar allí. Una noche, luego de volver del trabajo a las 1 de la madrugada, unos idiotas accionaron 5 veces la alarma contra incendios. Decidí irme de ese lugar, así que presenté una solicitud para poder mudarme a la residencia universitaria Kelly. Quería vivir con algunos estudiantes de último año, porque pensé que tomaban más en serio sus estudios. Resultó que no existía ninguna diferencia entre los estudiantes de primer y los de último año. Recuerdo que en la residencia universitaria Kelly viví con unos bromistas. Se emborrachaban al menos una vez a la semana, y no parecía importarles nada. Fue difícil vivir con ellos, especialmente, porque les parecía un deber molestarme de vez en cuando. Era complicado ser un estudiante joven y motivado en un lugar lleno de bromistas.

Estaba trabajando en el edificio de Ciencias Sociales y del Comportamiento en el turno de las 11pm - 3am. Trabajaba de domingo a jueves. Recuerdo cuan difícil fue mi primera noche de trabajo. La supervisora era una mujer de mediana edad, baja, y muy a la moda; me mostró dónde y cómo debía hacer mi trabajo. Me acuerdo que esa primera noche estaba muy oscura. El viento soplaba afuera del edificio y parecía que los ascensores estuviesen ocupados por fantasmas. Imagina: dos de la mañana, las puertas de los ascensores se abren y se cierran como si hubiese gente ocupándolos, pero no había nadie allí. Era muy terrorífico, en especial porque sabía que no había nadie más en el edifico y era muy tarde. Así que cuando daban las tres de la mañana, me iba puntualmente. No quería pasar más tiempo del necesario en ese edificio. Me había acostumbrado a la rutina agotadora y siempre volvía lo antes posible a dormir a mi residencia.

Tomé 12 créditos ese primer semestre: Física; Cálculo para ingenieros; COR 101, donde leíamos el "canon" o grandes obras de la literatura occidental; y una clase de trote. Debido a que estaba tomando tan solo 12 créditos, tenía algún tiempo libre para leer sobre temas que me gustaban. Leí libros acerca de trovadores medievales en Europa y otras cosas más. Me uní a clases de karate y tuve un semestre relajado. Recuerdo que salía a leer bajo la cálida luz solar. Era tan agradable. Esos fueron días fantásticos. El sol suave, la brisa gentil y el proceso de aprendizaje eran una gran combinación. Amaba esos días de universidad.

Recuerdo que a principio de semestre quería formar un grupo de estudio de Cálculo, pues no quería correr el riesgo de tener una mala nota. De manera que, luego de la primera clase, repartí volantes que decían "si te quieres unir a un grupo de estudio, contáctame". No recibí ninguna respuesta excepto por una pelirroja alta y escultural. Me dijo que estudiaría cualquier materia, en cualquier momento y en cualquier lugar, conmigo. Estaba conmocionado, pues nunca había tenido mucha suerte con las mujeres, especialmente cuando no era mi intención. Le sonreí y hablamos por un momento, le dije que tenía novia, que muchas gracias, pero no. La vi una que otra vez en el campus, pero nunca hice nada con ella. Me consideraba un hombre comprometido, pues tenía a Love en mi vida.

Estudiaba con Love casi todos los días en la biblioteca Frank Melville. Encuentro que es más fácil concentrarse en una biblioteca

48

que en un dormitorio. También me gustaba el ambiente que se da al estudiar en una biblioteca. Por lo general me encontraba en ésta, cuando no estaba en mi habitación durmiendo. La única otra excepción sería cuando iba a comer algo a la cafetería.

Cuando recién me mudé al campus, recuerdo que la gente se quejaba por lo mala que era la comida en la cafetería. Yo no estaba de acuerdo, porque desde donde yo vengo, la gelatina de atún de mamá era mucho peor que cualquier alimento que se sirviese en Stonybrook. Estas personas venían de un mundo muy diferente al mío por muchas razones. Yo solía comer pavo hervido, sin sal casi todos los días por 10 años. En mi casa, si no comíamos, nos daba hambre. Era agradable tener comida en Stonybrook. Tenía sabor al menos.

Cuando era joven hice ciertas cosas sin tener una razón. Hubo una ocasión en la que conocí a un tipo en la cafetería que daba la impresión de ser un tonto. Me acuerdo que Love estaba ahí junto con 2 o 3 personas más, a las que ya conocía. Yo no siempre era un tipo agradable, así que decidí hacerle una broma. Mientras conversábamos, me preguntó que estaba estudiando. Le dije que era un neurocirujano. Se lo creyó, aunque yo solo tenía 17 años. Debatimos acerca de las complejidades del cerebro humano y al final de la conversación él seguía creyendo mi mentira. Fue gracioso ver su expresión cuando pensó que un neurocirujano estaba comiendo en la misma mesa que él. Yo era como un dios. Eso no fue muy amable de mi parte, me encontré con este tipo un par de veces más. Al final le dije la verdad. Nunca se alteró por haber sido engañado.

Me fue bien ese semestre. Obtuve una A en cálculo y una B+ en física. Hubiese obtenido una A en física si no fuese por que mis informes de laboratorio eran desordenados. Hasta el día de hoy, mi hermano Chung describe mi caligrafía como "letra de doctor epiléptico". El profesor de física era muy comprensivo respecto a estas situaciones. Él vio que yo era un joven esforzado y que fui el único de la clase que tuvo una respuesta correcta en el examen final de Dinámica de fluidos, además de tener el mejor promedio y una puntuación perfecta. Él incluso me dijo que le gustaría que un tipo como yo fuese su alumno en práctica. Tal vez me estaba insinuando algo, pero yo no planeaba una carrera como físico. Fue difícil aceptar un promedio final de B+ cuando obtuve tan buenas calificaciones durante el semestre. Bueno, que más da ¡Así es la vida! Obtuve una B+ en COR 101 lo que se debió principalmente a mi confuso estilo de escritura. Entendí y memoricé los textos probablemente tan bien como cualquier otro alumno, pero nunca escribí bien ese semestre. Ahora, en la actualidad pienso que mi estilo de escritura confuso es y siempre será producto de un trastorno cerebral subyacente.

La clase de atletismo que tomé ese semestre se llamaba atletismo básico, pero nunca te hubieses imaginado la manera en que esos hombres competían. Al poco tiempo que la clase comenzó, teníamos que formar una fila y tomar turnos para dirigir el grupo. Era como una especie de pelotón de bicicletas de carrera exceptuando que éramos solo corredores. Todos nos esforzábamos para ir más rápido y no había lugar para mostrar debilidad. Corríamos alrededor y fuera del campus. Hacíamos hasta 8 kilómetros cada día, y yo estaba promediando menos de 7 minutos por kilómetro. Así que lo estaba haciendo bien. Mantenía el mismo ritmo que los demás chicos. Aunque a veces me dejaba caer debido a los retortijones. Correr tan rápido y por tanto tiempo hacía de mi estómago un nudo. Era como si alguien clavase un cuchillo en mi estómago. Eso era todo. Había un chico asiático en la clase que era muy buen corredor y siempre lo veía por el gimnasio. Usualmente, el grupo corría a toda velocidad los últimos 180 metros hacia la meta, la cual se encontraba junto al gimnasio. Lo hacíamos solo para hacerlo más interesante. El tipo chino ganó varias veces, pero yo también gané una vez.

En una ocasión, estábamos corriendo alrededor de Cedar Road, fuera del campus, y los chicos parecían ir un poco más lento de lo usual. Así que me dije: "Los voy a molestar". Aumenté el paso solo un poco y luego lo mantuve. Ellos no lo captaron, de manera que seguí. Un minuto se volvieron dos, luego cinco y después diez, miré hacia atrás y para mi sorpresa, no vi a ninguno de ellos. Al final, llegué solo a la estación de ferrocarriles LIRR. Tuve uno de esos retortijones, uno muy severo. De modo que camine por 2 minutos para tranquilizarme. Todavía tenía dolor, pero era la oportunidad para ganar la carrera del día. Troté lento por la estación de ferrocarriles y seguí hacia el campus pese al dolor. Cuando me encontraba a 90 metros, vi a los otros chicos corriendo a paso feroz, así que aumenté mi ritmo también. El chico asiático con las inmensas pantorrillas los dirigía. Me encontraba a 180 metros de la meta cuando escuche sus pasos en el pavimento. Enloquecí y corrí lo más rápido que pude. Tras un gran esfuerzo personal, gané la carrera de ese día y tenía mucho dolor. Dolor del bueno eso sí. Uno de los chicos me dio su perspectiva de lo que había pasado: "Tomaste la delantera por sobre la colina, y pensamos que te alcanzaríamos en un rato, pero ya te había ido ¡buena carrera!" El asiático también me felicitó. Fue un gran día.

Después de haber cursado esa clase, corría por el campus solo para mantenerme en forma. Tardaba 3 minutos en correr una distancia de 1.2 kilómetros desde mi trabajo a mi dormitorio. Me acuerdo de dos situaciones en las cuales mi hermano menor Leaf vino al campus y utilice la "velocidad". En una oportunidad, queríamos alcanzar el tren de las 4:15 que iba de vuelta a la ciudad de Nueva York. Oímos el silbido del tren y estábamos como a 800 metros de distancia. Era imposible que él alcanzara el tren si no corríamos. Así es que le dije: "¡Corre!" Tomé su bolso de 18 kilos y corrí lo más rápido que pude. Él no podía creer lo rápido que era, pues a pesar del peso llegué al tren mucho antes que él. Mi hermano Leaf siempre ha sido un hombre fuerte también. Hubo otra oportunidad en la que no pudo atraparme en una pequeña habitación acolchada de 6x12 m. No lo podía creer. En una habitación así de pequeña, ¿Cómo podía evadir a un tipo así? Leaf no era lento.

Love y yo estudiábamos juntos cada día. Éramos inseparables. La mayor parte del tiempo íbamos a estudiar a la biblioteca. Aunque la amaba, ella era una piedra en mi camino. Un día tuve suficiente. Teníamos una relación tambaleante y quería salir de ella. Así que le dije que la dejaba. Ella lloró y corrió en la lluvia hacia una zona de construcción en el campus. Su comportamiento era el de una mujer histérica y pensé que podía herirse. No podía permitirlo, de forma que corrí tras ella. En resumen, volví con ella porque me dijo que no podía vivir sin mí. Volvimos a estudiar juntos y la vida continuó en su imperfecta forma.

Me fue bien ese semestre. Obtuve una A en cálculo, una B+ en COR 101, una B+ en física y una A en carrera a pie. Tenía un promedio de 3,63 y eso me calificaba para la Sociedad de Honor Sigma Beta. Esta era una organización que se encontraba en el campus. Mamá, Papá, Justice y Leaf vinieron para celebrar. Estaba muy feliz de verlos. Salimos a comer a un restaurante chino cercano al campus. Era comida rápida. No me importó, porque ese tipo de alimento no lo comía todos los días. Mi hermano menor Justice estaba ahí y le lanzó una roca a Love rompiendo su labio. Yo estaba furioso, pero no podía golpear a un niño de dos años. Que bien por él que fuese tan joven, el muy vándalo. La celebración terminó demasiado rápido y tuve que volver al trabajo.

Según mi mamá, yo tenía un buen trabajo como conserje, así que me tenía que aferrar a él, incluso en invierno y no hubiese nadie alrededor. Ese invierno alquilé un cuarto cerca del campus para poder conservar mi trabajo. Estaba a 9 kilómetros del campus y me movilizaba en una bicicleta de montaña Giant. El dormitorio era pequeño y se encontraba en el sótano trasero de una casa pequeña. La casa: pequeña y difícil de describir. Pagaba USD 400 al mes por alquilar un cuarto en un sótano, y fue una de las épocas más aburridas y peligrosas de mi vida. Odiaba ir y venir tarde del trabajo por la noche y en bicicleta. Las calles de Long Island son muy tenebrosas a las tres de la mañana. ¿Mencioné que eran peligrosas también? No sé que habría hecho si se hubiese desinflado una rueda. Sí, así era. La mayor parte del tiempo no tenía luz para andar, excepto por la luna y las estrellas. Por suerte podía ver muy bien a la luz de las estrellas. La única vez que pude ver bien por donde iba en la calle fue cuando uno que otro auto pasaba por ahí. Deben haber pensado que estaba loco al estar en esas calles gélidas en medio del invierno y muy tarde en la noche. Estaban en lo correcto. Mirando hacia atrás en ese momento, me pregunto porque mamá y papá no me dijeron que me olvidara del trabajo de 8 dólares la hora que tenía, porque ningún trabajo vale arriesgar la vida día a día. Incluso la milicia es más segura, en general.

Tal vez mis padres no me aconsejaron bien, igual que esa vez cuando iniciaba mi educación. Ellos me dejaban viajar solo a través de El Sistema de Transporte de Manhattan. No, no en el bus escolar; eso habría sido demasiado bueno. El sistema de transporte público a comienzos de los años 80. Creo que cuando era más joven me sentía indestructible. ¡Oye! ya era un niño grande a los 5 años. Claro, sería un hombre a los 18, un hombre de verdad, un estudiante y un atleta.

La mayoría de las veces podía hacer el viaje de 19 kilómetros de ida y vuelta al trabajo en menos de una hora. La bicicleta era confiable y estaba bien fabricada, exceptuando la vez que fui a comprar alimentos, presioné hacia abajo uno de los pedales para cruzar la carretera y llegar al supermercado y el pedal se rompió. Era plástico. Creo que la mezcla del frío con la fuerza del empujón y tal vez un defecto de fabricación causaron que me cayera a la carretera. Recuerdo claramente que vestía una chaqueta de cuero azul, un suéter y un casco. Así que me di una vuelta hacia la pista y me levanté rápidamente. Mientras me encontraba en el suelo, un auto pasó a menos de 90 centímetros de mi cabeza. Si hubiese caído de otra forma, no estaría contando mi historia. Entonces, como iba diciendo, me levanté rápidamente y pedaleé el resto del camino como si mi vida dependiese de ello, y así era.

Una noche, como a las 2 de la madrugada, trabajando en el edificio de Ciencias Sociales y del Comportamiento, me encontraba realmente agotado. Esa noche no podía enfrentarme al largo viaje de vuelta a casa en bicicleta. Por lo que llamé a una persona de la iglesia Unitaria Universalista cercana al campus. No sé exactamente porque lo llame a él. Pero me dijo que tenía buenas noticias, que esa noche no tenía que volver a casa en bicicleta. Él podía conseguir un cuarto en el campus esa noche ¡Estaba muy feliz! Me dijo que me dirigiera al dormitorio Kelly después del trabajo, a una residencia particular y que ahí iba a estar un tipo que dejaría quedarme con él. Luego de una larga noche de trabajo, fui hacia el lugar donde se suponía que tenía que ir y marqué el número del tipo. Él salió, vio que estaba un tanto mojado por la lluvia y me hizo una señal para que entrara.

No recuerdo su nombre, recuerdo que me ayudó a secar mis zapatos mojados en una secadora que funcionaba con monedas. También me ayudó a secar mi ropa. Fui feliz por un momento. Conversábamos cosas al azar en su cuarto y estaba a la mitad de mi agradecimiento, cuando mis ojos se posaron en un video que tenía en su dormitorio. Creo que era algo acerca de marinos homosexuales. Dije algo como: "Eso se ve como una maldita película homosexual. ¿Por qué tienes una película así?" y me reí. Él no se rió, sino que con una cara muy seria me dijo: "Soy homosexual". Me sorprendió que una persona decente pudiese ser homosexual. Era la primera vez que me enfrentaba a algo semejante. Yo era joven y homofóbico, pero era muy tarde como para irme a casa en bicicleta. Así que me quedé. Me fue muy difícil dormir esa noche y desperté temprano, luego de haber dormido muy mal. Rememorando esos tiempos, sé que ésta era la primera persona que conocía que era homosexual y que consideraba que era "buena persona". Espero que donde quiera que esté ese tipo pueda perdonar el menosprecio que sin intención le di. No se lo merecía; él solo trataba de ayudar a un amigo viajero.

Esa mañana desperté temprano y me fui en silencio de su cuarto con mi bicicleta. Me fui calladamente porque no quería despertarlo. Cerré la puerta tras de mí sin hacer ruido. Luego, bajé por un pequeño pasillo y salí al frío viento de invierno. Había algo de nieve y hielo, entre blanca y gris, como sucia en el suelo. Salté a mi bicicleta aliviado de tener el control otra vez. Anduve los nueve kilómetros hacia mi "hogar".

El día más incómodo que pasé ese invierno en Long Island fue el día en que fui en bicicleta al optometrista y luego a Smithtown desde Port Jefferson. Fue un largo viaje en la gélida lluvia de invierno. No tenía dinero para un impermeable que sirviese para andar en una bicicleta. Así que pedaleé hasta la estación de ferrocarriles más cercana, Smithtown. Para cuando llegué al restaurante, temblaba incontrolablemente. La mesera se preocupó al verme en ese estado y me trajo una taza de chocolate caliente. Me sentía un poco mejor luego de estar 10 minutos con el chocolate caliente y el aire tibio en el restaurante. Estaba empapado y helado, pero ya no temblaba. Volví al frío para alcanzar el tren de vuelta a Stonybrook y recuerdo haberme dicho que no habría manera de que volviese a pasar un invierno en Long Island sin un auto, nunca más. Ahora equiparaba el invierno con la muerte. Desafortunadamente, después de este invierno, ya no pensaba en él como la estación de mi nacimiento, sino como la estación de la muerte.

Un típico día de trabajo como limpiador de medio tiempo en el campus de Stonybrook ese invierno consistía en vaciar y encerar las salas de clases. Toma mucho trabajo hacer que esos edificios académicos luzcan bien. No es un trabajo fácil. Ese invierno puse 3 capas de cera en cada piso de las salas de clases del tercer piso del edifico de Humanidades. Eran hermosos, casi como vidrios. Ese era mi trabajo y lo hacía bien. Sin embargo los estudiantes volverían luego. Recuerdo que a dos días de comenzado el semestre, los pisos brillantes de las salas de clase habían perdido su brillo. La sal y el agua de las botas arruinaban rápidamente el destello de los pisos encerados.

Ese semestre perdí el contacto con mi amigo griego. Creo que fue por que no nos pusimos en contacto. En ese momento de mi vida tenía el hábito de dejar ir a buena gente. Las únicas personas que me importaban eran Love y mi familia. Tenía la ilusión de que salvaría a mi familia trabajando duro. Sería capaz de generar suficiente dinero para sacarlos de su barrio marginal donde casi cada noche existía el narcotráfico y las balaceras. Soñaba que los podría traer a un lugar más seguro en donde estarían más sanos y felices. Aún no era consciente de que primero me tenía que hacer cargo de mí mismo antes de que pudiese encargarme de alguien más. Esto lo entendí mucho después. En ese entonces yo era más bien bondadoso con otros. Me di cuenta que un punto medio es la clave de una vida equilibrada. Creo que el semestre en que dejé ir a mi amigo griego fue cuando todo empezó ir cuesta abajo. Tomé una carga muchos créditos ese semestre y la mayoría consistía de matemáticas y ciencias. Tenía 18 años y trataba de conseguir 20 créditos.

Trabajé tanto ese semestre. Solo tenía tiempo para comer, dormir, estudiar, trabajar, ir al baño y pasar un poco de "tiempo de calidad" con mi novia. Esquivé algunos obstáculos, otros no tanto. Recuerdo que al llegar la semana de las evaluaciones finales, tenía que escribir 3 informes y tenía que estudiar para 3 exámenes en 3 días. No tenía idea de cómo iba a terminar esa carga de trabajo, pero lo hice, y bien. Me quedé despierto por 3 días y noches estudiando para el examen de álgebra lineal. Terminé el curso con una C+. No me iba a quejar por la baja calificación, porque quejarse es para los débiles. Solo tenía que obtener más A para compensar. Obtuve sólo A y A- ese semestre, excepto por la clase de cálculo y álgebra lineal donde mis notas se encontraban en la escala de C.

Rememorando, era bastante claro que empecé a tener mis primeros síntomas de una crisis nerviosa después de ese semestre. Es de conocimiento popular que el estrés puede agravar y ser causa de problemas mentales. Estaba bajo mucho estrés ese semestre. En retrospectiva, tiene sentido que tuviese síntomas prodrómicos, porque tenía la predisposición genética hacia una enfermedad mental. Me encontraba solo en uno de los comedores durante vacaciones de verano. No tenía dinero, como de costumbre, y vi un sándwich en el piso, al quién nadie le prestaba atención. Decidí tomarlo: estaba hambriento y pobre. Lo tomé y me lo comí rápidamente. Luego, comencé a sentirme mal y me dolía el estomago. Pensé que el sándwich estaba envenenado. Me dirigí al Hospital de la Universidad de Stonybrook. Me tuvieron en observación por 2 horas y me dieron de alta. No había veneno. Todos los síntomas estaban en mi cabeza ¡Pero eran tan reales! Lo que quedaba del verano pasó de forma rápida y tomé mis cuatro clases libres de arte ¡genial! Luego, el año siguiente fue un borrón. Tomé un curso avanzado de matemática aplicada y clases de primer año de ciencias computacionales. Me fue mejor en matemáticas aplicadas donde obtuve excelentes calificaciones. En ciencias computacionales me fue bien. Lo suficientemente bien para especializarme en esa asignatura. Como lo había planeado. El verano siguiente tomé otras cuatro clases libres de arte. Para ese entonces me estaba preparando para mi primer semestre como estudiante de último año con solo dos años de estudiante universitario. Tenía 19 años, era de último año y me encantaba.

Me preparaba para el comienzo del semestre. Las últimas tres clases que tomé en un mes seguían frescas en mi mente, y era un hermoso día. Caminé por los jardines que se encuentran al frente de la biblioteca hacía el edificio de administración, para verificar un proyecto de mucho tiempo. Quería separarme financieramente de mis padres, porque de esa manera sería más fácil pagar la universidad, podría tener más tiempo para mí de vez en cuando y podría dormir más de cinco horas al día. Esperaba buenas noticias ese día. Cuando me dijeron que nada había cambiado con respecto a mi estado financiero, quedé devastado pues sabía que trabajaba muy duro y no iba a obtener ayuda financiera apropiada. Creo que esa desilusión fue la gota que rebalsó el vaso, o en este caso, fue lo que hizo que mi mente se rebosara. El estrés del dinero era demasiado. Así que en ese momento tuve mi primer pensamiento paranoico. Pensé que el gobierno pensaba que yo trataba de robarles. Así que deambulé por el campus haciendo mis actividades normales, pero con muchos pensamientos paranoicos en mi mente.

Poco después, me subí a un auto con algunos conocidos y tuve la "visión" de que ellos eran mafiosos y formaban parte de la conspiración del gobierno contra mí. Hice que me llevarán al hospital porque pensé que era un lugar seguro. Fui muy afortunado de que me llevaran al hospital en ese momento, porque en unas pocas horas hubiese estado tan sicótico que pensaría que era una encarnación de Jesucristo. La primera parte de este libro describe lo que pasaba por mi mente durante mi primera hospitalización, era un infierno en vida.

CAPÍTULO 7: De Vuelta al Manicomio: Hospital de la Universidad de Stonybrook

Ahora compartía mi habitación con un completo extraño. Probablemente un alma perdida. No quería que me restregara algo de su poder infernal. Quería mantenerme lo más espiritualmente limpio posible. Al final, comencé a percibir cosas que pasaban, actividades que sucedían afuera del pabellón. Empecé ir a grupos. Lo extraño era que cada vez que entraba a una habitación que tuviese lo que aparentaba ser un ducto de ventilación, sentía vibraciones físicas que emanaban desde el ducto, las que me hacían sentir muy incómodo. Las vibraciones eran como el parlante de un gran concierto de rock, que aunque estuviese en silencio, aun así podías sentir su poder. Así que lidié con esa tortura todo el tiempo mientras estuve en el hospital. Me era muy difícil concentrarme por el malestar físico que estaba sintiendo.

Love me visitaba todos los días. Ella era mi cable a tierra. Me cantaba y me reconfortaba. Sabía que, cuando saliese de este infierno, le propondría matrimonio. Eso sí, me decía a mí mismo, si sobrevivo a esta experiencia. Ella era tan bella y pequeña. Me daba esperanza.

Se viene a mi memoria la vez en que me visitaron mi madre y mi hermano menor, Justice. El doctor me dijo que me quedara en cama. Así que me quedé pegado ahí como si las sábanas estuviesen hechas de pegamento. Mi madre y Justice llegaron unos minutos después. Mamá me dijo que me vendría bien algo de ejercicio. Le dije: "si, es verdad". Así es que me señalo que deberíamos correr y dar vueltas alrededor de mi cama de hospital. Pensé que eso era una locura, pero lo hicimos. Una enfermera entro a la habitación y le pregunté: "¿Cree que hay algo de malo en dar vueltas alrededor de la camilla?" Ella dijo: "no", así que me sentí aún más extraño. Justice vestía un enterito rojo, rojo como el diablo. Y era muy ruidoso. Recuerdo que cuando era más pequeño lo paseaba en mi bicicleta, y ahora, era más grande y ruidoso. Desearía decir que era grato verlos, pero no era así. Las únicas dos personas que me reconfortaban eran mi hermano Leaf y Love. Punto final.

Love venía y me enseñaba canciones que iluminaban mi día:

Mayo t'ien ni yo ja
Mayo Ja ni yo ni
Mayo ni ni yo woa

Esto se traduciría como:

Sin cielo no existiría la tierra
Sin tierra no existirías tú
Sin ti no existiría yo.

La canción era muy romántica y reconfortante. Recuerdo esa canción hasta el día de hoy y la forma en que Love me hacía sentir. Aún sueño con ella. A veces es difícil olvidar a tu primer amor. Cada día ella me traía comida, sonrisas y esperanzas.

También recuerdo cuando Leaf fue a visitarme por primera vez. Un tiempo después me dijo que cuando hablé con él sonaba como si estuviese recitando poesía. Qué extraño pensé. Pero mirando hacía atrás, fue un cumplido. Estaba lo más enfermo que podía estar, y aún así sonaba como si estuviese recitando poesía. Si vas a estar enfermo, creo que es una buena manera de estarlo. Leaf no podía venir y quedarse por mucho tiempo. Estaba muy ocupado siendo un muy buen estudiante en la escuela secundaria. Tenía que ajustarse a su horario, pero aún así él se hacia un tiempo para mí. Él siempre ha sido un buen hermano.

También recuerdo un poema y una fotografía que Love me trajo. Estuvimos muy enamorados por un tiempo, así que le tomaría un tiempo dejarme. La fotografía y el poema reflejaban esto. La imagen era la de un árbol y una flor. Supuestamente yo era el árbol y ella, la flor. El poema era el siguiente:

El Árbol y la Flor
El gran árbol protegía a la flor
Y Así ella flor podía florecer y lucir más bella
Aún si arrancasen la flor
Sus raíces perdurarán por siempre. por siempre.

Estos pequeños gestos de Love significaban mucho para mí. Algunos días cantábamos "nuestra canción" juntos. La escuchamos en la banda sonora de Robin Hood. Era la canción "Everything I do".
Brian Adams- Todo lo que hago

Mírame a los ojos, ya verás
Lo que significas para mí
Busca en tu corazón, busca en tu alma

Y cuando me encuentres ahí, no buscarás más

No me digas que no vale la pena intentar
No me puedes decir que no vale la pena morir
Tú sabes que es verdad
Todo lo que hago, lo hago por ti

Mira en mi corazón, encontraras
Que no hay nada que esconder
Tómame por quién soy, toma mi vida
Lo daré todo, me sacrificaré

No me digas que no vale la pena luchar
No lo puedo evitar, no hay nada que quiera más
Tú sabes que es verdad
Todo lo que hago, lo hago por ti

No hay amor, como tu amor
Y ningún otro dará más amor
No hay lugar, si tú no estás
Todo el tiempo, siempre

¡Oh! No me digas que no vale la pena intentar
No lo puedo evitar, no hay nada que quiera más
Lucharé por ti, mentiré por ti
Morir así, Si, moriré por ti

Tú sabes que es verdad
Todo lo que hago, lo hago por ti

Principalmente, nos aferrábamos al pensamiento "Todo lo que hago, lo hago por ti". Me hacia bien sentirse tan amado en esta difícil parte de mi vida.

Pasaron las semanas. Se me concedió un permiso para salir del hospital con Love. Ella me calmaba, me cocinaba y me daba su tiempo. Era verdaderamente dulce lo bien que me trataba. El tiempo se pasó volando y tuve que volver al hospital. Como todo había salido bien en mi primer permiso fuera del hospital, intuía que otras oportunidades le seguirían.

Cuando volví al hospital, noté que me sentía peor. Comenzaba a tener una vaga sospecha de que algo en mi interior estaba mal. En el siguiente permiso para salir del hospital, comencé a percibir un cambio en mí.

Recuerdo que fui al Centro de Alumnos y había personas de todos los colores caminando por ahí. Me acuerdo como las seguía y emitía un juicio basado en los colores que vestían. Si veía a alguien usando rojo, era demoníaco. Si vestían de amarillo, eran peligrosos y los vinculaba al caos. Si vestían azul o verde, me parecían personas decentes, a las cuales no debía temer. Luego vi caminando a un ex profesor, éste estaba usando unas zapatillas naranjo fluorescente. Sabía que éste era un buen hombre, pero no tenía idea de que hacer con el naranjo fluorescente. Noté algo raro, no podía entender que significaba ese color.

Comencé a caminar los cinco kilómetros de vuelta al hospital. La lluvia golpeteaba fuerte sobre los peldaños de pavimento del edificio de Ciencias de la vida. Recuerdo haber pensado "La lluvia forma parte de la conspiración, lo sé" Entonces, algo en mi mente hizo clic. La lluvia no podría ser parte de ninguna conspiración: es lluvia ¿Qué podría haber estado pensando? Ese fue mi primer indicio concreto de comprensión. Era bueno haberme dado cuenta de este hecho, porque de esa manera sería capaz de recurrir a él. Sería capaz de poder desenvolverme en el transcurso de esta enfermedad hasta cierto grado.

CAPÍTULO 8: Condenado a Ser Libre

Me enteré que Love me estaba engañando luego de que salí del hospital. Estaba devastado; sin embargo, su amorío no duro y Love y yo volvimos por un tiempo. Volvimos a estar juntos, pero continuar con la relación me volvió cínico y torcido. No tenía la más minima idea de que mi segundo brote psicótico sería un año después del primero. Entre mis dos hospitalizaciones, fui capaz de casi terminar mi educación universitaria. Recuerdo que tomé "Biología para deportistas" y otro montón de clases y me fue genial. También tenía amigos, las cosas iban "bien". Era popular con las chicas. Creo que aprendí a sobrevivir en la universidad, a pesar de tener una enfermedad mental. Años después, escribí un mini libro de "Cómo" sobrevivir a la universidad con una enfermedad mental.

Estaba tomando 10mg de Navane cuando me dieron de alta en el Hospital de la Universidad de Stonybrook. En el lapso de un año me bajaron la dosis a 1mg de Navane. Mi siquiatra y yo esperábamos que dejase de tomar medicamentos. Dejar los fármacos fue un gran error. En 3 días, me hospitalizaron por segunda vez. Esta vez, no eran los adoradores del diablo los que me perseguían. No: era el gobierno esta vez. Recuerdo que uno de mis doctores, durante la hospitalización, se llamaba Dr. Bush, como el presidente. Me parecía que mi enfermedad había salido directamente de la historia Dune escrita por Frank Herbert. En Dune existía una cultura política muy intensa en donde había engaños tras engaños. Nada era lo que parecía ser y siempre había un nivel y subtexto más profundo. Así pensaba que era mi vida. Siempre había algo ahí que podía sentir, pero que nunca pude percatarme y entender por completo.

Mi segunda hospitalización fue en el Gracie Square Hospital en la ciudad de Nueva York. Fue muy extraño estar hospitalizado ahí, porque en mi juventud yo asistía a la escuela Wagner Junior High que se encontraba cerca de ese establecimiento y también porque muchas veces jugué balonmano cerca del hospital. Para mí era increíble regresar al mismo lugar en el que había estado una década antes. Y aún así las cosas eran tan diferentes. Recuerdo haberme enfrentado a oponentes hábiles y difíciles en las canchas de balonmano de la zona recreativa John Jay. Ahora el oponente era mi mente; más grande, más aterradora y más mortífera que cualquiera de mis oponentes en la juventud.

Un incidente en Gracie Square que recuerdo vívidamente es la primera vez que me puse en una fila para recibir medicamentos. No quería hacer la fila para recibir pastillas. No quería sentir que dependía de alguna droga, sin embargo, me formé. Ahora sé que los medicamentos eran mi única esperanza para combatir el horror y el terror que significaba mi enfermedad. Diligentemente me dirigí a la ventanilla de las enfermeras para tomar mis pastillas. Una enfermera de mediana edad me entregó un pequeño vaso con agua y otro con pastillas de colores. Bajé la mirada en busca de los medicamentos, pero no podía abrir mi boca. Los músculos de mi mandíbula se habían cerrado involuntariamente. No podía creer lo que estaba pasando, me deslicé hacia abajo por la pared y me senté en el piso, horrorizado. La enfermera salió de su estación, Parecía muy preocupada. Ni siquiera podía abrir mi boca para hablar con ella y decirle lo que pasaba. Me comuniqué gimiendo y asintiendo con mi cabeza. Ella se cercioró de que no me estaba haciendo el difícil y entendió que algo estaba mal. Reunió algunos enfermeros para que me dieran una inyección de lo que creo era Haldol o Thorazine. Los enfermeros me llevaron a mi cama. Me sentía mucho mejor drogado, tranquilo. Mientras perdía la conciencia, recuerdo que ya no sentía miedo.

Estuve recluido en el Gracie Square por 2 semanas y luego fui dado de alta. Me dijeron que los hospitales no eran puertas giratorias, no vuelvas a menos que lo necesites. Decidí ponerme a trabajar con ahínco y no volver. Debería ser capaz de manejar esta situación con la ayuda de los medicamentos, pensé. Volví a salir al invierno de Long Island y una vez más me volví al trapeador y la escoba. Ahora tenía un nuevo obstáculo que enfrentar: mis colegas. Algunos de ellos eran menos que amables. Empezaron a hacerme bromas; era indignante. No solo tenía que tolerar mi condición siquiátrica y un trabajo insatisfactorio, sino que además tenía que lidiar con bromistas. Vale decir que cerca de 2 semanas después, estaba caminando hacia el trabajo y, de la nada, mi cabeza giro involuntariamente. Me quedé mirando fijo a un punto en el bosque: era un claro pequeño, rodeado de pinos y un pequeño terreno lleno de nieve. Miré fijamente por unos segundos y luego de mirar por un momento lentamente apareció un pensamiento dentro de mi mente "morirás acá, William". Fue tan claro, bien definido. Era como si una voz estuviese susurrando justo al lado de mi oído, sin articular palabra alguna. Me dije, no puedo lidiar con esto. Algo está mal. Me interné en el hospital una vez más. Fui al Huntington Hospital esta vez. Era un buen hospital: las cabeceras de todas las camillas estaban hechas de madera tallada

62

y había un gran jarro con dulces en la estación de enfermeras, que nunca nadie tocaba. En ese lugar me aumentaron la dosis de Navane a 40mg. Cuando tomaba 10mg me sentía como un zombi y más aún con 40mg. Era como si unas nubes negras estuviesen frente a mis ojos. Los medicamentos generaron una oscuridad imaginaria en frente de mis ojos que no se marcharía de mi mente por muchos años.

Capítulo 9: Reconstrucción de una Vida Destrozada

Tan pronto como pude, me apresuré a volver a Long Island para ver que podía hacer con mis profesores para salvar el semestre. Mi profesor de biología me dio una A- sin haber tomado el examen final, pues mi rendimiento en los dos exámenes previos había sido excepcional. Estaba muy agradecido por su generosidad. Mi profesor de Budismo hizo que tomara el examen final entre periodos académicos y mi profesor de literatura, que estaba enseñando a "Hopkins y su círculo", me hizo saltar muchas vallas antes de llegar a una B-. Y ¡Lo hice! ¡El semestre no estaba perdido! Tenía 117 créditos a mi haber .Lo único que tenía que hacer era finalizar una sola clase más y ¡me graduaba! Recuerdo que me era posible optar por educación a la distancia en el departamento de literatura en lengua inglesa por el nivel de créditos me mi especialización en lengua inglesa. Decidí estudiar con uno de mis profesores favoritos de literatura americana.

De ese modo no tendría que vivir en el campus, podría aparecer de vez en cuando para terminar mi curso. En 4 meses no hubo nada más en mi vida que ese curso. Logré hacer dos ensayos a pesar de la oscuridad que parecía saturar todo. Escribí dos ensayos de 10 páginas cada uno y aguardé con el corazón en la mano por la calificación. Obtuve una A en mi curso a distancia. Estaba feliz y, mejor aún ¡me había graduado!

Invité a mis papás a mi graduación. Mi padre dijo que no asistiría; esperaba eso de él, pues nunca me apoyó mucho, así que invité a mi hermano Leaf. Mi madre y Leaf me acompañaron a la graduación. Traía puesta una túnica negra que me llegaba hasta los tobillos. La ceremonia fue aburrida, pero aún así estaba orgulloso de mis logros. Me había graduado en cuatro años, a pesar de haberme tomado todo un año de receso debido a mi enfermedad psiquiátrica. Pensé que era un tiempo para pensamientos felices. Se viene a mi mente una de las fotografías que Leaf tomó en el andén de Stonybrook. Vestía un traje color azul pálido que perteneció a mi abuelo. Había una mirada lejana en mis ojos. Mi mente sabía que era feliz, pero la sensación de felicidad estaba amortiguada por las pastillas que tomaba. Debido a los medicamentos todos mis sentimientos se volvieron insípidos. Me llegó en el alma que mamá y Leaf presenciaran que ya era un "graduado". En ese entonces significó mucho para mí y aún, en la actualidad, lo sigue haciendo.

El día en que Love y yo rompimos fue luego de que me graduara y fue un momento el cual nunca olvidaré. El día estaba gris, lluvioso y frío. Nos encontrábamos en su casa y permanecí ahí por dos horas. Fuimos muy cariñosos el uno con el otro. Más tarde, caminamos juntos en la lluvia hacia la parada de autobuses. Le dije que ella no estaba a la altura de la mujer que pensaba que era. Ella lloró; yo lloré. No recuerdo si dije adiós. Me subí al bus cuando llegó. Recuerdo que miré el camino a través del parabrisas cubierto con gotas de lluvia. Recordaría este día por el resto de mi vida. Me sentía tan triste y solo; ella había sido mi todo por casi 5 años. Habíamos vivido juntos cosas buenas y malas, como todas las parejas. Puedo decir que no me he enamorado tan profundamente desde esa vez con ella, y hasta este día, todavía me persigue en mis sueños. Ella dijo algo ese día que realmente me molestó. "Tú me has tratado mejor que cualquiera de mis otros novios". Me mató. La traté mejor que a mí mismo. Y en recompensa ella me abandona cuando más la necesitaba. Mi sentido de justicia estaba arruinado. Yo estaba destrozado y deprimido.

Capítulo 10: Me Alenté a Salir Adelante, Lo Mejor que Pude

Estaba viviendo con mi familia: Mamá, papá, Leaf y Justice. Caminaba mucho para romper con la monotonía de los largos días sin vida. Diariamente caminaba entre nueve a catorce kilómetros. No me podía concentrar muy bien esos días. Leer era una de las mayores alegrías en mi vida, pero debido al alto nivel de medicamentos que consumía no era capaz de leer mucho. Mi vida giraba en torno a ver a mi siquiatra y comprar diariamente un café de 50 centavos en los carritos. Tomaba mi café con leche y dos de azúcar. Esa era la rutina. El punto culminante de mi día, lo único que podía costear. Nadie me había informado que tal vez podía calificar para un seguro de desempleo, mientras esperaba para que me otorgaran el beneficio de discapacidad. En esa época se tardaba más de seis meses en obtener los beneficios. El sistema era más lento de lo que es hoy en día. Por seis meses el único dinero que tuve fueron los UDS 100 que la madre de Love me dio.

Me encontré con ella en la estación de trenes A de la Av. 168. Me miró y me dio el dinero pese a mis reparos. Sabía que la madre de Love me quería mucho y le apenaba que las cosas hubiesen terminado de la forma que lo hicieron. Pero en el fondo sabía que las cosas tenían que acabar. La abracé y volví a casa a dormir, porque los medicamentos me fatigaban.

Como dije anteriormente, caminaba en promedio 9 kilómetros diarios. Me mantenía relativamente delgado: pesaba alrededor de 104 kilogramos en esos días. Usé un pantalón de buzo verde por cuatro meses. No tenía dinero para comprarme ropa, así que usé el mismo pantalón día tras día. Los lavaba ocasionalmente porque no tenía otros pantalones y además tenía muchos agujeros. Al final, mi padrastro le dijo a mi mamá que me llevase a comprar unos nuevos pantalones. Así que fui a Macy's con mi mamá y escogimos unos pantalones baratos color caqui. Estaba feliz de poder usar algo menos harapiento. El buzo anterior tenía agujeros y se notaba que la gente pensaba que era indigente.

Recuerdo que una noche estaba escuchando las noticias en la radio para entretenerme. La voz en la radio decía que el ex presidente Nixon había muerto. Para mí fue increíble enterarme que una figura inconmensurable como él pudiese morir antes que yo. Pensé que no importaba si eres millonario, famoso, pobre o poderoso, pues la muerte es inevitable. Todos tenemos fecha de expiración; sabía eso a un nivel intelectual. Sin embargo, en ese momento, en la oscuridad solo con mi radio, sentí la muerte también. Sirenas sonaban a la distancia, luces rojas y blancas iluminaban los edificios cercanos. Sentí que quizás era más fácil tirarme del cuarto piso de mi edificio. Era muy tentador. Tenía la certeza de que mi vida sería muy difícil en el futuro. Pero decidí ir contra ese impulso. La muerte es tan definitiva y, durante el transcurso de mi existencia, quería contribuir en algo al mundo. No acabé con mi vida esa noche.

Posteriormente, comencé a recibir el beneficio de discapacidad. En esos seis meses estuve usando mi tarjeta de crédito para comprar los medicamentos antipsicóticos que me mantenían lejos del hospital. Ninguna persona me ayudaba a pagarlos, ni mi familia, ni nadie. Cada centavo de mi dinero estaba destinado a mis pastillas. Ya en ese momento sabía que necesitaba el Navane más de lo que necesitaba la comida. Hacia lo que fuera para obtenerlas. Por suerte, las pastillas que tomaba eran baratas, porque tomaba las genéricas.

Decidí que necesitaba ingresar a algún tipo de programa. Con el doctor que estaba viendo en ese tiempo, presentamos una solicitud en un lugar que se llama Postgraduate Center For Mental Health (Centro de salud mental para graduados). Necesitaba hacer algo constructivo con mi tiempo. Llené una solicitud para el programa de rehabilitación intensiva IPRT (Por sus siglas en inglés). Después de dos meses me entrevistaron y ¡quedé!

La entrevista fue muy extraña, con el matiz de una entrevista de trabajo. Recuerdo a la mujer detrás del escritorio que me estaba entrevistando. Ella era muy convincente, y me hizo sentir que el programa IPRT era lo que necesitaba para resolver todos mis problemas. Con toda seguridad, ella era una vendedora.

El primer día que fui al programa IPRT llegué temprano, como sería mi costumbre. Miré alrededor de la habitación, estaba explorando mi nuevo espacio. Me fijé en una frase que recuerdo hasta el día de hoy "Dios no pone en tus hombros una carga que no puedas soportar". Leer eso me dio fortaleza. "Sí, mi vida ha sido difícil, pensé. Pero, soy libre. No estoy en la cárcel o en alguna institución. Necesito hacerlo tan bien como pueda para vivir mi vida bajo mis propios términos.

La gente lentamente entraba en fila a la sala de clases del cuarto piso del Postgraduate Center For Mental Health. Permanecí en silencio: no quería sobresalir, quería observar a esta nueva comunidad en la que estaba formando parte. Las personas estaban en silencio también, con solo una excepción. Había un joven, un afroamericano de casi mi edad, que comenzó a hablarme. Parecía amistoso, hablé con él y conversamos. Mientras hablábamos, seguía mirando hacia afuera por la ventana el aspecto industrial de los edificios que nos rodeaban. Había columnas de vapor que salían desde los techos de edificios cercanos. Estábamos en el Distrito Garment y el lugar no era muy lindo. No obstante, era funcional y eso era suficiente. Había un computador viejo en el rincón superior derecho de la sala de clases y un pizarrón negro al frente. También había algunos pupitres, pero eso era todo lo que había en cuanto a mobiliario.

Los trabajadores sociales entraron a la sala. Una mujer muy linda, de aspecto rumano, y un tipo irlandés. Eran jóvenes. Comenzaron a hablar acerca de lo que pasaba con nosotros. Era mi primera experiencia en terapia grupal ¡Fue increíble! La gente hablaba acerca de sus pensamientos acelerados, su paranoia, su inhabilidad para hacer cosas y ¡Yo me podía relacionar! Por mucho tiempo, pensé que yo era la única persona en el mundo que sufría de estos problemas. Ahora me sentía menos solo. Era uno de muchos que estaban luchando contra esta enfermedad. Tener noción de que existen personas con mis mismos problemas fue muy valioso para mí. Cualquier ayuda era apreciada. Este era un paso más para luchar contra mi problema. Con una enfermedad como la esquizofrenia, no puedes ganar. Solo puedes combatirla, pero nunca derrotarla. Todo lo que puedes hacer es tomar tus pastillas cuando te las prescriban e ir a ver a tu terapeuta. Esas son dos cosas que te pueden ayudar inmensamente.

En esos días Leaf se encontraba fuera de casa en el MIT (Por sus siglas en inglés), estudiando ingeniería eléctrica. Como extraño a mi hermano. Sin embargo, siempre se podía confiar en Chung cuando necesita hablar. Siempre estaba dispuesto a escuchar. Recuerdo una cena que tuvimos en un restaurante mexicano.

"¿Qué quieres comer?" Dijo Chung.
"No lo sé. Todo se ve delicioso. ¡Incluso las tortillas chips gratis! " Me reí, ¡Nunca antes había visto salsa verde! ¿Qué es esta cosa?

Seguro Chung me dio una respuesta epicúrea. No me acuerdo lo que dijo, porque no soy una persona muy aficionada a la gastronomía. Pero, decidí comer un burrito de carne asada, y él también ordenó un burrito.

"Mmm, este burrito es mejor que Taco Bell" Dije.

"¿Cómo te atreves a comparar la comida de acá con Taco Bell? ¡No hay comparación!" Chung se rió.

"Voy a hablar de cosas más serias, Chung" Le dije, y de pronto soné sombrío. Estoy algo deprimido estos días, no me puedo concentrar bien y he estado pensando mucho acerca de lo que pudo haber ocurrido.

"Bien" Dijo Chung.

"No pude terminar mis estudios de ciencias de la computación porque mis habilidades para codificar no eran las mejores. No pude terminar de estudiar matemáticas aplicadas porque decidí ir por algo que pudiese terminal fácilmente... Literatura en Lengua Inglesa. Como que me arrepiento de esa decisión" Le dije.

En respuesta, Chung me dijo "Will, has pasado por muchas cosas, Te graduaste de la universidad en 4 años a pesar de todo. Lo estas haciendo bien. También, utilizaste la palabra 'codificar' para expresarte en la manera en que programas. La mayoría de la gente no sabría como decir eso. Lo estas haciendo muy bien. No olvides eso.

"Gracias, le dije. En serio. Las palabras de ánimo de Chung siempre me ayudaban a pasar los malos momentos y él no diría algo sin sentirlo. Así que el voto de confianza se sentía bien. Pasamos el resto de la noche hablando acerca de las "oportunidades perdidas", reminiscencias y pequeños detalles de la vida. Me recordó que vivo para esas conexiones verdaderas y me recordó que siempre he podido hablar con mis hermanos. En ese asunto, siempre he sido millonario.

Me volví a contactar con una amiga de StonyBrook luego de eso. Rose. Ella era una mujer china, pequeña, joven y efervescente. Siempre disfruté hablar con ella en la universidad y sabía que iba a querer contactarla, dado que ambos vivimos en la ciudad de Nueva York. Fuimos a comer a un restaurante italiano la primera vez que nos juntamos. Fue un buen momento.

En el programa IPRT al que estaba asistiendo, aprendí que supuestamente deberíamos hacer algo con nuestras vidas como parte del ejemplo IPRT. A mí me encantaba la idea, más que nada por que no había perdido mi espíritu de superación. Luego de algunas

69

consideraciones, decidí volver a estudiar para ser un bibliotecario de niños. Sentí que la vida de un abogado, un profesor o un empresario serían muy estresantes. ¿Qué tan estresantes serían un montón de niños a la hora de oír una historia?

Ya en ese momento, tenía un trabajo. Vendía camisetas. Una parte de mi trabajo como vendedor de camisetas era trabajar con gente joven, como de mi edad. Recuerdo a una de las chicas con la que solía trabajar, Frang. Ella era apasionada, baja, de busto amplio y linda. Una vez mientras me estaba ganando mi sueldo vendiendo camisetas, me tocó trabajar con ella. Pronosticaron lluvia, así que teníamos que estar pendientes del clima para que las camisetas no se mojasen. No tenía la más minima idea de que más tarde, gracias a las gotas de lluvia, iba a presenciar un gran espectáculo. Instalamos un gran toldo transparente por el día. Durante la mayoría de los días, incluso los con mucha lluvia, nos mantenía secos. La lluvia comenzó temprano. Nos quedamos ahí por que aún podíamos vender camisetas entremedio del aguacero. Frang y yo hablamos entusiasmadamente como siempre. A ella le gustaba hablar al igual que a mí. Aunque muy pronto, el viento comenzó a soplar muy fuerte y la lluvia no menguó. La lluvia y el viento se hicieron más fuertes. Así que, usando mi propio peso, sujeté con fuerza el toldo mientras que Frang cubría todas las mesas con la mercadería para que no se mojasen. Debió haber sido una ráfaga muy poderosa porque no pude sujetar el toldo. Se voló, y Frang y yo quedamos empapados. Sonreí ampliamente porque Frang estaba usando una camiseta blanca y se veía bien en ella. Se rió y me dijo que era un pervertido. Aunque noté que le gusto la atención. Recogimos las cosas y nos secamos luego de estar empapados por cerca de una hora en la cálida lluvia de verano. Fuimos al Barrio Chino a comer y charlar un rato. Era pobre, pero social y prefería ser amigable a ser rico. Por desgracia, las cosas no se dieron entre Frang y yo. Ella tenía un novio. Luego de que terminaron, ella se volvió sociable conmigo otra vez. Un día estaba coqueteando un poquito con ella y entonces me dijo que parara. Le dije que si ella quería que yo dejase de coquetear con ella, entonces tenía que dejar de hablar conmigo. Eso liquidó la amistad. Yo quería más de lo que ella estaba dispuesta a ofrecer.

No hice ninguna amistad duradera en el programa IPRT porque las personas no eran muy amistosas. Me hice amigo de un tipo judío de mediana edad. Era un tipo decente. Tenía un carácter fuerte a pesar de tener una enfermedad mental seria. Realmente traté de ser su amigo, pero cuando en una oportunidad fue imprudente, no puso atención al cruzar la calle y casi lo matan en muchas oportunidades, bien, no pude lidiar con eso. Terminé nuestra amistad.

Había una chica irlandesa en al IPRT que era como 10 años mayor que yo. Pensé que era una mujer agradable y siempre teníamos una buena conversación. Estuvimos en contacto por algunos años, pero luego, debido a un paso en falso de mi parte, no pudimos ser más amigos. Por alguna razón, al parecer soy más capaz de tener y conservar amigos "normales" que aquellos con una enfermedad mental.

Todo este tiempo estuve trabajando en mi solicitud para ingresar a Queens College library school (Escuela de Bibliotecología de la Universidad de Queens). Usé una recomendación que me dio una profesora de matemática aplicada, a la cual impresioné con mis habilidades en la clase de estadística y probabilidades avanzadas. Ella amaba hablar de literatura conmigo porque yo estudiaba una especialización en literatura en lengua inglesa y tomaba clases avanzadas de matemática aplicada. Ella me gustaba. Por alguna razón a ella no le gustaba Love. En realidad nunca entendí eso. Tal vez ella vio algo que yo no. También utilicé una recomendación que me dio un profesor de gramática con quien éramos amigos. Él era un buen tipo. Y, por último, utilicé una recomendación de mi trabajadora social rumana, porque no podía obtener otras de manera fácil. Estaba en el membrete del "The Postgraduate Center West". Así que, supongo que la gente del Queens collage pensaba que este era otro programa para graduados. Por suerte para mí, no lo sabían o no pensaban comprobar si esta era una institución académica. Entre las caminatas, la venta de camisetas y el IPRT, el tiempo pasó volando, y pronto mis seis meses en el programa IPRT se acabaron. Recibí una carta del Queens College que me dio mi mamá. Le arrebaté la carta. Vi la "Q" en el sobre. Esa Q era el logo del lugar que dominaría mi vida por los próximos tres años. Leí la carta. ¡Era una carta de aceptación! Estaba muy contento, porque había apuntado por algo incierto y ¡dí en el blanco!

Capítulo 11: La Sed de Conocimiento y la Esperanza Hacia El Futuro se Vuelven a Unir: Escuela de Postgrado en Queens College

Recuerdo cuando viajé por primera vez al campus de Queens College desde Washington Heights. Tomé el tren 1 hacia la Av. 42 e hice el transbordo hacia el tren 7; él cual tomé desde principio a fin hasta Flushing, Queens. No lo sabía, pero Flushing, Queens tenía el segundo Barrio Chino más grande de la ciudad de Nueva York. El viaje a Queens College desde Washington Heights era bastante largo. Luego de disfrutar un pastel chino y un café con crema y dos de azúcar cerca del metro, hice fila para tomar el bus Q17 para llegar al campus de Queens College.

Fue increíble. Hacer fila para tomar el bus era nuevo para mí. No estaba acostumbrado a que los neoyorquinos hiciesen una fila para utilizar el transporte público. En Manhattan siempre corrían como locos o te empujaban para alcanzar el autobús. Esto era más civilizado. El bus Q17 paraba en frente del McDonald's a una cuadra de la estación de metro. Lo tomaba hasta Kissena Boulevard, ubicado a una cuadra del campus. Luego, caminaba a toda prisa por Kissena bordeando el camino lleno de árboles del campus exterior, pasando el edificio de administración (de estilo español con tejas terracotas) hacia la biblioteca Rosenthal. Este era el edifico más bonito del campus. Era una estructura moderna con una torre de reloj. En el primer piso había un atrio hermoso donde la luz entraba a raudales por los grandes ventanales. El piso era de terracota, y se notaba el uso de acero en la construcción del edificio. Este iba a ser mi hogar fuera del hogar por tres años: mi objetivo y determinación. La escuela de bibliotecología estaba en el subterráneo de la biblioteca Rosenthal. Cuatro horas en total demoraba el viaje desde Washington Heights hacia Flushing, Queens. Usando el transporte público, diariamente, me tomaba 2 horas de ida y de vuelta.

Recuerdo que tomar clases en la escuela de bibliotecología del Queens College fue un proceso complicado. El resto del campus podía inscribirse por Scantron y luego por teléfono. No nosotros. Nosotros teníamos que ir en persona, a las 6 de la mañana y firmar una hoja para tener el privilegio de registrarnos para una clase a las 10 de la mañana. La facultad y la administración dijeron que esto era para que la gente no tomase clases para las cuales no estaban preparados. Era un infierno llegar tan temprano a la universidad. Llegué sumamente tarde mi primer día, cerca del mediodía. Para ese entonces ya había 400 personas antes que yo. La sala de recreación del la Escuela de Postgrado en Bibliotecología y Ciencias de la información (GSLIS, por sus siglas en inglés) estaba repleta, así como el pasillo y el atrio en frente de las oficinas Me tuve que quedar ahí todo el día, hasta que me llamaron casi de los últimos como a las 7pm. En realidad, era de esperarse. Algunas personas habían llegado a las 5am para ser los primeros. Ellos merecían ir antes.

Utilizamos el tiempo para hacer vida social. Noté que no había muchos hombres alrededor. La mayoría del cuerpo estudiantil parecía ser mujeres de mediana edad. Hablé con algunas personas para socializar y para oír que clases podrían ser buenas. En ese momento no sabía nada de la escuela. Escuché rumores de que no había que tomar clases con el profesor Surprenant y que la clase de catalogación del profesor Blake era buena. Nunca tuve miedo de tomar una clase con un profesor difícil. ¿Qué tan difícil puede ser un profesor de bibliotecología?, me pregunté. Hablé con gente al azar y conversé con alguno de ellos. Debí haber sido una persona interesante con quien hablar. La mayoría del cuerpo estudiantil estaba vestido con "ropa de trabajo" que era mucho más formal que la mía.

Estaba usando una chaqueta Carhartt color borgoña, una sudadera, jeans y unas zapatillas. Me veía más como un trabajador de la construcción que como un estudiante de bibliotecología. El tiempo pasó. Me llamaron. La persona encargada del registro me preguntó que clases quería tomar. Le dije la clase 700, archivología y computación, y la clase 701, introducción a la bibliotecología. Recuerdo que no me importó tomar la clase de archivología y computación con el profesor Surprenant. Estaba inscrito y me mandaron a casa. Mi primer gran día había terminado. Ahora, lo único que tenía que hacer era sobrevivir los próximos 3 años.

Tuve dos profesores increíbles el primer semestre en Queens College: Surprenant y Sununu. Tomé introducción a la bibliotecología con Sununu. El primer día de clases fue algo así...

Sununu era un español de mediana estatura. Se podía percibir que era un tipo relajado. No estaba muy preocupado por esta clase. Él iba por la sala preguntando la razón por la cual queríamos ser bibliotecarios y bromeaba que la respuesta más común era: "Me gustan los libros y me gusta leer". Así que cuando llegó a mí, dijo "¡Y tú! ¿Por qué quieres ser un bibliotecario?

Tenía la respuesta preparada e iba a responder y terminar con esa formalidad cuando me interrumpió. "Oye, yo te conozco, tú eres un sicópata. Yo quedé consternado. Como era posible que este hombre supiese que yo tenía problemas mentales. Pienso que yo no daba ningún indicio de tener esa clase de problemas. Él continuó mientras yo me mantuve en silencio. "¿No estudiaste en Stuyvesant High School? Sí, le dije. Sununu respondió "sí, sabía que te recordaba de alguna parte. Tú eres uno de los Ciclópatas de Stuyvesant.

Increíble. Pensé que este tipo tenía algún tipo de memoria fotográfica. Han pasado años desde que debió haberme visto.

Sí, fui presidente de los Ciclópatas en mi último año, le dije.

El profesor Sununu dijo "Era uno de los oficiales en el Puente de Queensborough uno de los años en que los ciclópatas de Stuyvesant ayudaron. Ustedes eran brillantes, ¿No deberías ser ingeniero aeroespacial o algo así? ¿Por qué quisiste estudiar bibliotecología?

"Me gustan los libros, me gusta leer y me gustan los computadores, le respondí.

"Eso es suficiente para mí, me dijo Sununu. Luego continuó caminando por la habitación, preguntándoles a los alumnos porque querían ser bibliotecarios.

Tomaba archivología y computación con Surprenant; él era un hombre alto, muy imponente y con barba blanca. Pensé que la clase sería fácil porque me consideraba hábil con los computadores. Me equivoqué. La clase era una pesadilla. Los rumores acerca de Surprenant eran ciertos. Era muy exigente a la hora de evaluar. Sus pruebas eran muy difíciles. Quedé pasmado con la primera prueba. No solo teníamos que memorizar todo el contenido del libro, sino que también teníamos que memorizar las ilustraciones e incluso los encabezados de las tablas e ilustraciones, para tener todas las respuestas correctas. Estaba consternado. Después, me enteré de que mucha gente tenía las pruebas anteriores. No me iba a dar el lujo de confiarme en unas pruebas antiguas. Mi estrategia en ambas clases era sobresalir lo menos posible y dar lo mejor de mí en las pruebas. Esta era la estrategia perfecta para mí, especialmente en la clase de Surprenant. Creo que a él le gustaba observar cuanto eras capaz de aprender para luego exigirte un poco más. Él era de la vieja escuela. Él disertaba, tú aprendías, punto. Esto funcionaba para mí, porque yo no quería sobresalir en lo absoluto. Ese semestre las cosas salieron según lo planeado.

Obtuve una B en introducción a la bibliotecología y una Ben archivología y computación, a pesar de haber estado sobre el promedio en la primera prueba. Fue difícil aceptar esa calificación. Me desanimé. Todo ese tiempo seguía asistiendo de vez en cuando al programa IPRT. Un día, cuando estaba en el programa, comencé a hablar de mis calificaciones con uno de mis orientadores. "¿Cómo seré capaz de continuar si en la asignatura en que me siento más confiado obtuve solo una B-?, me lamentaba. Estaba muy abatido y pensé en dejar el programa. Mi padrastro me dijo "Te quedarás en el programa hasta que ellos lo digan. Esa clase de respuesta no me dejó opción y decidí dar lo mejor de mí por el mayor tiempo posible, sin importar el resultado.

El semestre siguiente tomé la clase 701, catalogación con el profesor Blake y la clase 702, introducción a referencias con la profesora Brody.

El profesor Blake era un hombre grande, muy grande. Debe haber pesado cerca de 136 kilogramos. Era muy jovial también. Siempre se reía con una gran carcajada. Era muy simpático. No me iba tan bien como hubiese querido en su clase, pues alguien robó mi libro "Las Reglas de Catalogación Angloamericanas", segunda edición, durante la primera semana de clases y no podía costear otro ejemplar. Sin embargo, no me robaron los libros suplementarios que tenía. El libro que se supone iba a usar más fue el que robaron. De alguna manera, sobreviví a ese curso. Obtuve otra B-. Sentí que esa nota sí me la merecía.

Brody era profesora adjunta cuando tomé su clase de Referencia Básica: GLIS 702. La clase era una búsqueda del tesoro donde el tesoro eran las fuentes de referencia impresas. Usaba dos bibliotecas para encontrar las más de 100 fuentes que teníamos que fichar. Utilizaba la biblioteca del campus de Queens College y la Biblioteca Rosenthal. También usaba la Biblioteca Pública de Nueva York en la Av. 42. Entre las dos bibliotecas y mi rendimiento en los exámenes, obtuve una A-. Era suficiente para mantener apenas un promedio de B, requisito esencial para seguir en la escuela de Bibliotecología.

Debido a los medicamentos que tomaba, me era difícil estudiar en esos días. Me forzaba a estudiar, a lo más, como una hora diaria. Eso era todo. Ya a ese punto era afortunado de que en la escuela de bibliotecología había mucho de lo que yo considero "trabajo atareado". Se nos asignaban más de 10 artículos para leer cada semana y era mucha lectura. Sin embargo, pronto noté que muchos de los artículos eran acerca de la misma materia y solo utilizaban diferentes palabras para explicar la misma idea. Había descubierto algo. Era capaz de leer 4 artículos y hacerlo tan bien como los estudiantes que se leían los 15. Podía separar lo importante de lo irrelevante. Debido a que tomé atajos durante mi primer año. Me mantuve firme y sobreviví. Más que trabajar duro, me enfoqué en trabajar de manera inteligente. Aunque di todo para continuar, tenía que estudiar y trabajar los 7 días de la semana. No me permitía ningún día libre, porque no me quería atrasar. El trabajo duro dio frutos. Luego de mi primer año completo tenía el promedio mínimo de 3,0 que se requiere para seguir en el programa.

Durante el primer año, viví en casa y cerca del campus. Viví en casa en el primer semestre, pero cuando me cansé del viaje diario, arrendé una habitación en Flushing, Queens para así poder estar más cerca de la escuela. Apenas podía costearla. En ese lugar me sentí muy solo. Luego de vivir medio año afuera en Flushing volví a casa. Mi familia era disfuncional, pero al menos podía vivir gratis y había gente con la que podía conversar, en vez de hablarle a las paredes.

También, durante la segunda mitad del año, por primera vez en mi vida comencé a recibir ayuda concreta del gobierno. Me ayudaron a pagar mi colegiatura a través de los Servicios Vocacionales y Educativos para Personas con Discapacidad (VESID, por sus siglas en inglés). Lo que ellos me dieron fue una educación gratuita. Pagaron en su totalidad el crédito de la Universidad de la Ciudad de Nueva York (CUNY). Mi orientadora en VESID me apoyó y logró que me dieran los beneficios, debido a que casi tuve un promedio de B en mi primer semestre de universidad. Bendita sea ella y bendito sea VESID. Ellos realmente me ayudaron cuando lo necesité y nunca olvidaré su generosidad.

La mayor parte del tiempo, fui a ver a un terapeuta y a un siquiatra para conseguir mis medicamentos en el Centro para posgraduados. Veía a la terapeuta una vez a la semana y a la siquiatra una vez al mes. Mi terapeuta era una mujer mayor que yo, con piernas fantásticas. Ella insistía que me consiguiera una novia, e incluso lo colocamos como una meta terapéutica. Nuestra relación era interesante, pero no duró mucho, debido a que ella era una estudiante en práctica y, al final, tenía que seguir su camino. Realmente no recuerdo a mi siquiatra, porque solo la veía por 15 minutos una vez al mes. No era

76

tiempo suficiente para tener algún tipo de conexión. Ella hacía su trabajo entregándome mis pastillas y yo hacía el mío tomándolas.

Luego de un tiempo, sin embargo, no quería volver al Centro de Postgraduados para orientación y terapia porque quería ver a un terapeuta menos a menudo. Pensé que esto me permitiría concentrarme más en mis estudios. Me cambié al Fifth Avenue Center For Counseling and Psychotherapy (Centro de Orientación y Psicoterapia de la Quinta Avenida) en la Av. 10 con 10 West. Era un edificio difícil de describir, con solo una placa diciéndole al mundo que este era el histórico centro de la Quinta Avenida, el cual Freud había visitado en uno de sus viajes a América y en el cual, supuestamente, se filmó la película con Jack Nicholson "Mejor... imposible".

Recuerdo claramente la sesión que tuve ahí. Se llevó a cabo en una habitación estrecha en el sótano del Centro. Había llevado a mi hermanito Justice, que tenía 5 años en esa época. El orientador que estaba dirigiendo la sesión me preguntó "¿Estás seguro de que quieres que tu hermano pequeño esté acá en la entrevista? Vamos a hablar algunos temas delicados.

Dije "Está bien, ya lo ha escuchado antes. Él estará bien jugando con sus autitos en la alfombra.
"Bien, dijo el orientador.

Así que Justice jugó con sus autitos de juguete en la alfombra de la habitación, mientras yo le narraba al terapeuta lo horrores de los síntomas por los que había pasado. Justice no prestó atención y solo jugó... dichoso en su niñez, mientras que tormentas rugían en mi mente. Estaba feliz de tener a ese pequeño bribón en mi vida, porque me gustaba cuidar a mi hermano menor. Disfrutaba una vez más el papel del hermano mayor.

Al final, tuve un gran doctor que se llamaba Dr. Augustin, y a mi primer terapeuta en ese lugar, el cual fue el mejor terapeuta que pudiese tener. Su nombre era Sr. Barth.

La primera vez que vi al Sr. Barth, estaba algo molesto de estar ahí debido a que sabía que los medicamentos eran lo más importante para mí en ese momento. Así que falté y no fui a terapia por dos meses. Pero, comencé a preguntarme si debía ir a estas sesiones y ver que era lo que me tenían que ofrecer, dado que las veces que fui fueron tan positivas. Fui a una terapia completa un día. Desde ahí esperaba con ansias las sesiones con él. Siempre me trataba con respeto, por el hecho de ir a una escuela de postgrado a pesar de tomar fuertes drogas que alteran mi mente. Me hablaba como si fuera un entrenador motivándome a seguir adelante. Si no me sentía bien al ir, siempre me sentía bien al salir de ahí. Él me ayudaba a mantenerme enfocado en lo que era importante, y fue difícil cuando esa relación terminó. Él fue como un hermano mayor. Y, para mí, es como una relación paciente/terapeuta debe ser. No solo un oído que escuche tus tristezas, sino que además una persona que te inspire para ser lo mejor que puedes ser, a pesar de todo lo que puede estar pasando en tu vida, y quien pueda aceptarte por quien tú eres.

Las clases en la escuela de bibliotecología se volvieron borrosas: Referencia en Ciencias Sociales, Referencia en Ciencias, Referencia Comercial y muchas más. Hubo cuatro clases que llamaron más mi atención en Queens College: Tecnología de Internet, Búsqueda de Base de datos óptica y en línea, la clase de preparación de tesis y la clase de programación Java.

Muy luego, después de casi no sobrevivir a mi primera experiencia con Surprenant, decidí que seguiría con el plan de convertirme en un bibliotecario de niños. Tomé una clase que se llamaba "Las historias y los niños". Quería evitar la tecnología debido a mi primera experiencia con Surprenant. Caminé hacía la clase y conversé con algunas de mis compañeras y, como parte de la conversación, mencioné como no soporto a los niños. No lo sabía, pero la profesora estaba escuchándonos hablar en la sala de clases. Comenzó la clase caminando por la sala y preguntándonos por qué queríamos estar en esta profesión y luego se dirigió a mí. "Y tú, el aborrecedor de niños, ¿Por qué estas en esta clase?

Quedé perplejo y dije algo, pero no puedo recordar qué. Luego busqué otra clase, porque sentí que no encajé en la última clase luego de ese primer encuentro con la profesora. La única clase que tenía un cupo abierto se llamaba búsqueda óptica y en línea. Me uní a la clase pensando que iba a estar atrasado con la materia. Para mi sorpresa y placer, aprendí muy bien y era uno de los mejores estudiantes Era tan bueno que empecé a enseñar a mis compañeros. En algunas ocasiones uno de mis compañeros al que le enseñaba solía decir, "Gracias a Dios por Will". Que reconociesen mi contribución a la clase me ayudó para revalidarme. El profesor se llamaba Kibirige y él había asignado ciertos libros acerca de búsqueda de datos. Prefería aprender con mi propio material, con manuales, para que así sus clases fuesen la guinda de la torta.

Si aprendía algo de sus clases, genial, sino... ¡Qué más da! Aprendí a usar la Base de Datos Dialog, la cual era una colección de una de las 600 bases de datos más poderosas y actuales que podían ser utilizadas en el mundo. En esos días, usábamos una conexión a Internet llamada Telnet. La interfaz era menos que óptima, pero la hacíamos funcionar. También, aprendí Lexis/Nexis, la cual era la herramienta de búsqueda de noticias y asuntos legales más poderosa en el mundo en esa época. También vimos brevemente a Wilson Web, que tenía un montón de bases de datos de la renombrada H.W. Wilson Company.

El examen final de búsqueda óptica y en línea nos lo dio el Profesor Kibirige, él predijo que antes que terminara la noche alguien terminaría el examen. Estaba en lo correcto. Una hora después de que nos entregara nuestras cinco preguntas de búsqueda, le entregué los reportes y estrategias de búsqueda en mi disco y en una copia impresa. Estaba contentísimo. Solo obtuve una A- en esa clase, porque encontré muy extraña una pregunta. Se suponía que teníamos que encontrar información acerca de lentes de contacto para gallinas. Pensé que era una broma, así que no lo tomé enserio. Encontré la base de datos correcta para buscar y mi rastreo fue perfecto excepto por una omisión. No usé Boolean OR para la búsqueda de (Gallinas OR aves de corral) y eso marcó toda la diferencia entre una A y una A-. Pero me fue bien y estaba satisfecho de que terminé tan rápido. Luego de tomar su clase, el Profesor Kibirige siempre me elogiaba y eso se sentía bien.

Luego de ese éxito rotundo, decidí que no me iba a dejar intimidar, como antes, por el legado del Profesor Surprenant. Decidí tomar la clase de archivología e Internet. El profesor Surprenant dijo algo que me impresionó durante una de sus clases. Dijo que la finalidad de la tecnología era mejorar la calidad de vida de todas las personas, no solo la de los más ricos. Me gustaba su punto de vista. Los textos que ocupábamos para la clase eran muy coloridos y llenos de ilustraciones. No tenían mucha información en ellos, así que decidí sacar la información de los libros y escribirla con mis propias palabras. Esto fue una muy buena solución. Obtuve una A en la primera prueba. Otra compañera, también graduada de Stuyvesant, sacó una A-. Era entretenido conversar con ella cuando no nos estábamos quemando

79

las pestañas con información de bibliotecología. Ella estaba casada y era 20 años mayor que yo, así que no había un interés romántico de por medio, pero de todas maneras era una buena amiga.

Las pastillas que tomaba me daban acatisia, por esa razón mis piernas rebotaban y me balanceaba en mi silla incómodamente a lo largo de las clases. Para aliviar los efectos secundarios tan incómodos de las pastillas, trataba de salir a caminar por un rato durante cada clase. Hacia esto también en el transcurso de archivología e Internet, cuando ya no podía aguantar más la agitación. En una oportunidad, cuando volvía de una corta caminata, el Dr. Surprenant me llamó a su escritorio. La clase estaba haciendo una especie de tarea. Estaba nervioso, porque no estaba trabajando con los otros. Él me dijo "Will he notado que has estado ayudando gente en el laboratorio de computación. No sabía que decir. Él continuó "Esto se verá reflejado en tu nota final. No sabía que significaba eso. Así que hice como si nada y dije gracias. Ese semestre, además de ser un estudiante, era el administrador de LISTSERV para la GLISNET. Esta era la lista de correo electrónico automático de la Escuela de Bibliotecología de Queens College. Básicamente, yo eliminaba de la lista las direcciones de correo electrónico que se generaban por error y enviaba anuncios de la facultad. Las direcciones de correo que se generaban por error eran, normalmente, direcciones inválidas o que tenían el buzón repleto.

Un día, el Dr. Surprenant propuso que yo debería ser el encargado de agregar nuevos estudiantes a la lista. Interiormente, me negaba rotundamente a la idea, pues significaría más trabajo debido a que había más de quinientos estudiantes en el programa. Le dije que si hacia eso estaríamos coartando la posibilidad de aprender a suscribirse o no al LISTSERV al cuerpo estudiantil. Esto era muy cierto. Es una habilidad básica que debería tener un bibliotecario. El Profesor Surprenant me dio la razón y muy amablemente desechó la idea. Ese semestre estuve ocupado con archivología e Internet y con GLISNET. Cuando me dieron la calificación de esa clase, ¡estaba eufórico! ¡A+! Para que sepan, la paciencia y los modales valen la pena, tengas o no una enfermedad mental.

A estas alturas ya tenía amigos en la escuela de bibliotecología. Era un hombre sociable y cenaba con mis amigos en la cafetería casi todas las noches. Tenía un amigo que solía ser abogado. Pauly. Él era un muy buen tipo. Y hasta le dije acerca de mi enfermedad mental. Aún seguimos siendo amigos. Fuimos amigos por más de dos años mientras estudiábamos juntos. La mayoría de nuestros días los pasábamos en el centro estudiantil hablando acerca de las chicas y las clases. También tenía una amiga que era Hindú o Islámica, no sé cual. De todas maneras, ella era una buena persona y valoraba su amistad.

Recuerdo una ocasión en la que estaba sentado con mi amiga en el laboratorio de computación de la escuela de bibliotecología y un tipo al que había visto antes, pero con el que nunca había compartido, se paró y gritó ¡Eureka! Le preguntamos por qué estaba tan emocionado. Resulta que, luego de haber estudiado dos años en la escuela de postgrado, había aprendido como cambiar el número de fuente de 10 a 12. Dijimos algo como ¡Que interesante! Pero estábamos muertos de la risa después. Comencé a llamar al tipo "El número 10". Hubo otro personaje que me encontré en la escuela. La doble de mi ex, Love. Inmediatamente, me puse a la defensiva. La única diferencia entre Love y esta mujer era que ella era 15 años mayor que Love. Pero, también era una manipuladora. Fue una excelente estrategia que de inmediato me pusiera a la defensiva. Ella trató que la ayudara con varios proyectos y siempre me hice el tonto o solo le decía que no tenía tiempo. No iba a permitir que esta mujer succionara mi vida.

También estaba una chica italiana con la que hablaba, flaca como un palo, pero dulce como la miel. Me gustaba hablar con ella, solo hablar.

Hubo una conversación que tuvimos acerca de la película de las Spice Girls en la que mencioné a mi hermano Justice.

" ¿Viste la película Spice World? " Ella me dijo, incrédula.

" Sip " dije muy orgulloso.

" ¿No eres algo viejo para una película como esa? "ella preguntó.

" Llevé a mi hermano menor a ver la película. Fue por él. " afirmé.

" ¿En serio? " ella dudó

" Sip, pero Baby Spice es hermosa, respondí.

Ella se rió, y pensé que ella pensaba que yo era un perdedor. Sin embargo, dos semanas después, estaba cenando con mis amigos y estos me dijeron " La debiste haber invitado a salir. Pensé que solo me estaban apoyando, además de que ya me había conseguido una novia en un servicio de citas en línea.

Su nombre era Jenny. Era una estudiante de Historia del Arte y era un amor. Ella era alta y algo robusta. Nuestra primera reunión fue

81

en el Barrio Chino donde tuvimos una linda velada. Luego, fuimos al Puerto marítimo de South Street; nos sentamos y conversamos de la vida, el universo y todo lo demás bajo las luces del puente de Brooklyn. De hecho, ahí fue donde nos conocimos. Había hecho una referencia del libro "Guía del viajero galáctico". Ella captó la referencia y obtuvo un novio.

La segunda cita fue en Central Park. Solo caminamos y luego, al fin, en un lugar apartado conversamos lo siguiente:

" Este lugar es agradable " ella dijo.

" Sí, lo es" respondí. Solía jugar a la pinta en bicicleta.

" ¿Qué es eso? " preguntó.

" Bueno, es el mismo juego que se jugaba en el colegio, pero con bicicletas " dije.

" Suena algo peligroso " ella respondió.

" Sip, bueno... en esos días éramos algo temerarios "le respondí. ¿Te puedo decir algo que pienso?"

" ¿Qué? "ella respondió.

" Sip bueno, no quiero que pienses que soy un chico malo, pero estoy pensando en algo ahora...

" No creo que seas un mal tipo " ella respondió, acercándose más a mí.

Le seguí la corriente y nos besamos, intensamente. Nos sentamos ahí por una hora solo besándonos y estando el uno para el otro. Fue agradable. En otras citas también fuimos en la noche a Central Park por ninguna razón en particular; fuimos a diferentes lugares a hablar y a mirar las estrellas y besarnos. Luego, por fin al terminar el mes, ella me invitó a su casa. Presentí que podía significar eso. Llevé protección. Hablamos, ella cocinó y jugueteamos. Fue agradable. Pero, me dí cuenta de que no la amaba. Me sentí triste. Luego del primer mes, la dejé. Quería ser su amigo, pero ella no me podía ver más. Ella no me veía como un amigo. Ella quería algo más. En vez de seguirle la corriente y usarla, sentí que era mejor dejarla.

Mientras todo este asunto pasaba, mis amigos en la escuela trataban a escondidas de ligarme con la chica italiana. Al final, uno de ellos sin rodeos me dijo "Will, invítala a salir, realmente le gustas. Así que la siguiente vez que salí con la italiana hablamos acerca de un tipo griego que estaba loco por ella. Me reí y el pregunté "¿Por qué no sales con él? Parece un buen tipo.

" Ella dijo, no me gusta él, me gustas tú, Will.

" Le dije, sip tú también me caes bien. Eres una buena amiga.

" Ella respondió, no, tú ME GUSTAS, me gustas.

"¡Oh! Le respondí, pero tengo una novia. En ese momento seguía saliendo con Jenny y no quería más de una mujer a la vez.

Parecía destruida. Luego de eso, las cosas no continuaron bien entre nosotros. En mi vida, cuando llueven mujeres, parece diluvio. Y luego, debido a que había terminado con Jenny y la chica italiana ya no estaba en mi vida, todo se volvió muy aburrido.

El último semestre estaba tomando Zyprexa, el cual me permitía doblar la cantidad de estudio por día, de una hora a dos. Decidí tomar una clase de introducción a la programación Java y la clase de tesis. Me fue muy bien en la programación Java. Siempre terminaba muy rápido las tareas de codificación y obtenía muy buenas notas en los controles. Durante el primer examen, no estaba seguro acerca de mi programa, debido a que estaba usando el compilador incorrecto. El profesor auxiliar me preguntó si tenía algún error en mi código. No tenía idea; no podía encontrar ningún error. Busqué en mi programa y no cambié nada. Media hora después, le dije que no podía encontrar ningún error. Él lo compiló y funcionó a la perfección. Tienes una A, me dijo. ¡Él había tratado de engañarme al tratar de cambiar mi programa! Obtuve una A- en la clase, porque no me preparé para el examen final. Ya no me importaba. Supe que tenía las habilidades para convertirme en un codificador, si quería. Estaba feliz por eso.

La clase de tesis era muy difícil por la gran cantidad de trabajos escritos que teníamos que hacer. Decidí que no iba a depender de nadie para hacer mi tesis. Tomé una buena decisión pues mi amigo abogado, el cual ya tenía su maestría en bibliotecología y estaba en busca de un trabajo mientras revisaba los resultados del fútbol inglés, me contó sobre un pobre tipo que estaba siendo acechado por dos incompetentes. Conocí al tipo de paso. El número diez y la mujer china que se parecía a Love se encontraban trabajando con él en una bibliografía anotada. Él los ayudaba a avanzar en la clase. Debido a esto tenía el doble de trabajo y no se podía deshacer de ellos. En un proyecto que puede sobrepasar las 200 páginas, hay que escoger muy bien a los compañeros, pues éstos marcan la diferencia.

Estaba satisfecho con mi proyecto de 110 páginas. Durante el último tercio del semestre debíamos entregar nuestros ensayos para ser corregidos. Entregué mi trabajo y no me fue devuelto para corrección hasta que llegó el plazo final, y para ese entonces ya era demasiado tarde. ¡Un sabotaje! Probablemente alguien sacó el ensayo fuera del montón donde lo puse y no lo devolvió hasta el plazo final de entrega a propósito. ¡Me arruinaron! Obtuve una B- en el ensayo, pero pudo haber sido una A- de promedio en la clase y en el trabajo, según lo que dijo el profesor Smith. No le di mucha importancia, porque me podía graduar de todas formas. Ahora solo esperaba la titulación de magíster en bibliotecología y la certificación de la Biblioteca Pública de Nueva York. A los 28 años me había graduado de la escuela de postgrado. Luego de eso, escribí un mini libro acerca de cómo sobrevivir a la universidad con una enfermedad mental.

Capítulo 12: Seroquel: Fortaleza y Peligro

Luego de la graduación me encontraba entre la espada y la pared. Quería trabajar, pero perdería mis beneficios si lo hacía. Sabía que los necesitaba. Por lo tanto, no podía trabajar a menos que fuera capaz de encontrar un trabajo ideal, libre de estrés.

Quería adelgazar, así que mi nuevo doctor me sugirió un nuevo medicamento llamado Seroquel, En ese momento, yo medía 1,89 m. y pesaba 127 kg. No me veía ni me sentía saludable. Estaba lejos de ser el tipo musculoso que pesaba 88 kg en la escuela secundaria. Solo subir por un tramo de escaleras me dejaba sin aliento. A mí, el mismo tipo que podía correr 800 m en menos de dos minutos. No me gustaba para nada tener sobrepeso. Cuando el doctor mencionó que el Seroquel podía ayudarme a perder peso, no lo pensé dos veces. Tomé el medicamento tal y como me lo prescribieron: tres veces al día. Tomaba una dosis relativamente alta y la mantuvieron en 600mg por día, la dosis más alta debió haber sido 750mg por día.

Comencé a ejercitarme porque me sentía menos cansado de lo habitual. Lo hice con calma pues sabía que no había hecho ejercicio por mucho tiempo. Luego de unas semanas, noté que tenía menos hambre, más energía y me sentía mejor. Me inscribí en el gimnasio municipal de la Av. Carmine. Se encontraba lejos de la parada de tren Houston en la línea 1. Comencé a levantar pesas. Usaba todas las máquinas cardiovasculares y corría al menos 20 minutos al día. Luego de tres meses estaba en mejor forma. Casi todos los días comía burritos de porotos en el Taco Bell de la Av. West 4th, pues costaban un dólar cada uno y los podía pagar.

También estaba más sociable y activo. Básicamente, mi vida consistía en andar por la ciudad en bicicleta, practicar algún deporte y hacer ejercicio. Recuerdo que en una ocasión volví a uno de los lugares a los que solía ir. Se llamaba The Cooper Club. En ese lugar enseñé matemáticas y ciencias para el Examen de Desarrollo de Educación General (GED, por sus siglas en inglés) por un año, cuando iba a la escuela de postgrado en Queens College. De vez en cuando iba a ese lugar para ver qué pasaba y recuerdo que solía ir laboratorio de computación. Busqué a un orientador quien solía ser mi amigo. Nuestra conversación fue algo así:

"¡Oye! le dije.

85

"Hola Will" dijo Mark.

"¿Cómo te va? " Le pregunté.

"Muy bien. Mi esposa y yo acabamos de volver de un viaje por Estados Unidos en bicicleta. Así que me siento muy bien.

"¡Guau¡ ¡Debe haber sido grandioso!" Le respondí entusiasmado.

"Lo fue.

"¿Sabes?" le dije" busco a un compañero de ejercicio ¿Tú corres?

"Sí, lo hago" él respondió" pero no voy a correr con un atleta.

"No supe que decir.

"Te veo luego" me dijo.

"Adios" le respondí.

Ahora la gente me veía como un deportista. Era gracioso porque no me sentía como uno. Definitivamente no era el estereotipo de atleta. Solo era un tipo inteligente que estaba en forma. Fue un momento agridulce. Estaba molesto, porque él me rechazó. Al mismo tiempo, se sentía bien que, después de haber tenido sobrepeso por tantos años, él me hubiese equiparado con un deportista.

Me mudé a Boston por un mes, mientras que tomaba Seroquel. Era genial poder compartir con mi hermano Leaf en el campus del MIT. Él tenía un computador viejo en su laboratorio el cual yo podía utilizar para navegar en la Web. Si mi memoria no me falla, creo que era un computador de 45MHz y funcionaba muy bien con Netscape. En la actualidad, se piensa que un computador es antiguo si está bajo los 1.000 MHz o 1 GHz. Yo no lo creo. La potencia de las computadoras está más allá de lo necesario para la mayoría de los sitios Web y de los procesadores de texto, los cuales son probablemente, los programas más útiles que se puedan utilizar.

Leaf, Dora y yo íbamos a trotar de vez en cuando. Dora era una señorita pequeña y fuerte que estaba por casarse con mi hermano. Me sentía un tanto amenazado, porque yo estaba en buena forma, pero a veces las pastillas hacían que me desplomara durante el entrenamiento; y no quería que una señorita tan pequeña me hiciese lucir mal en frente de mi hermano. Un día Leaf, Dora y yo corrimos 11 kilómetros alrededor de El Río Charles y yo corrí junto a ambos casi durante todo el trayecto. Fue en un día templado de verano y el cielo estaba despejado y azul. Leaf dijo que aumentáramos el ritmo, así que lo hicimos. Los árboles junto al río pasaban más rápido a medida que acelerábamos el paso. A los 8 kilómetros me comenzó a doler. Mantuve el ritmo porque no quería que Dora me ganara. Mi estúpido ego masculino. Alrededor de los 10 kilómetros, Dora paró de correr; en silencio le agradecí a Dios. Paré, exhausto, después de dar 20 pasos más. Esa fue una muy buena carrera, dije. Leaf se unió a nosotros y caminamos juntos por el Puente Harvard.

Por el momento, trataba de divulgar el mensaje de que la gente con problemas psiquiátricos es capaz de trabajar. Establecí una página Web: www.geocities.com/rite2work. En ésta, daba a conocer mi investigación acerca de las estadísticas demográficas que muestran que muchas personas con enfermedades psiquiátricas quieren trabajar, a pesar del sistema que los mantiene en una apatía forzada y bajo la línea de la pobreza. Definitivamente, yo era una de esas personas. Envié correos electrónicos masivos a los grupos de noticias Usenet para apoyar el derecho al trabajo para todas las personas. Logré que más de cien personas firmaran mi petición, y luego pasó algo muy emocionante. Presentaron un proyecto de ley en el congreso, el cual apoyaba la inserción laboral de las personas con discapacidades siquiátricas. Estaba muy entusiasmado; comencé a seguir diariamente el proyecto de ley mientras el congreso discutía su aprobación a través de la página Web: www.thomas.gov y en agencias de noticias gratuitas.

Algo comenzó a cambiar mi percepción de la realidad. Estaba más temperamental y me enojaba sin razón. Recuerdo que asustaba a mi mamá con la fuerza de mi ira. Solo por un momento, eso se sentía bien. Pero, noté un patrón de conducta sobre mi ira que crecía cada vez más. Al parecer, estaba ligada al proyecto de ley que se encontraba en el congreso, el cual seguía muy de cerca. Con el tiempo, mis cambios de ánimo empezaron a gravitar alrededor de las noticias sobre el estado del proyecto de ley en el senado. Quedaban días para el término del calendario de reuniones del congreso. El plazo final vino y se fue. Fui denegado. Mi ira se volvió insoportable. Pensé en colgarme del Puente George Washington en protesta por el trato injusto que le dieron al proyecto de ley en el congreso. Dentro de mí hay una ira tan intensa que inexorablemente va dirigida hacia el mundo y hacia mi familia.

Estaba enfurecido. Como un toro que veía todo rojo. No tenía miedo de nada ni de nadie. Me dí cuenta de que si yo mismo no me internaba en el hospital, terminaría matando a alguien. No podía dejar que eso pasara. Cuando me fui a dormir la noche antes a que me internara, crucé mis brazos sobre mi pecho, como una momia. No sabía que significaba, pero esa fue la noche más difícil de mi joven vida. No dormí en lo absoluto. Mi hermanito de once años compartía la habitación conmigo y dormía solo a unos pocos centímetros de mi cama. Él no tenía idea de lo que estaba pasando. Ya en la mañana, caminé hacía la sala de emergencias del Hospital presbiteriano de Columbia, esperando que me ingresaran antes que hiciese algo horrible.

"Hola, me dijo la enfermera que estaba atendiendo.

"Hola, le respondí. Hizo una admisión de rutina; estaba a punto de hacer algunas preguntas psiquiátricas, cuando yo le dije que tenía esquizofrenia paranoide, y que me gustaría que me ingresaran. Ella preguntó "¿Eres paranoico?

"No, le respondí

"¿Tienes delirios de persecución?

"No, dije.

"Bueno, no sé en que puedo ayudarte, comenzó a decir.

"Estaba consternado "Realmente necesito estar en un pabellón psiquiátrico, dije.

"Bueno, ¿tienes pensamientos sobre herirte a ti mismo y a otros?, ella dijo.

"Sí, definitivamente. Estaba aliviado de responder. De pronto la enfermera parecía alarmada y con miedo. Me dejaron en la parte psiquiátrica de la sala de emergencias. Me desvestí y me puse una bata de hospital junto a dos grandes guardias que se encontraban vigilándome. Estaba feliz de que estuviesen allí. No podía vencerlos a los dos, pensé.

Controlé mi comportamiento. No quería causar ningún problema, pero me sentí como una tetera a punto de bullir. Los guardias me dejaron rápidamente en la sala de emergencias siquiátricas. Me acosté en una de las camillas hasta que uno de los pacientes comenzó a molestar a otro. Había dos latinos en la habitación. Le dije al agresor, con un brillo en mis ojos, que si quería permanecer sin lesiones, dejara al otro tipo en paz. El hombre se alejó rápidamente cuando vio que yo estaba hablando en serio. Y estuvo tranquilo el resto del tiempo que pasé en el hospital.

Un psiquiatra vino a entrevistarme. Me preguntó por qué estaba en el hospital y dejé que saliera todo lo que tenía reprimido. Cálidas lágrimas caían por mi rostro mientras le contaba al doctor como iba a matar a mi familia y como no quería que esto sucediera; que esa era la razón por la que estaba ahí. Él estaba consternado, pero me pasó unos pañuelos y me aseguró que estaba en el lugar indicado. No me relajé mucho, pero sí me sentía mejor acerca de mi decisión.

Posteriormente, fui hospitalizado en la unidad Ojo 6, que recientemente había sido cambiada. La unidad se llamaba así porque se encontraba en el edificio del instituto oftalmológico, donde tratan toda clase de problemas oculares. Estuve en ese lugar por dos semanas. Todos los doctores hacían referencia al bolso borgoña que usaba cuando hacía ejercicio, como el "bolso del deportista", pero de una manera positiva. Me dieron algo de Klonopin; era como una droga milagrosa, pues toda mi furia había desaparecido. Luego de dos semanas, me dieron el alta tomando Klonopin y Seroquel. Los doctores me desearon suerte, como siempre lo hacían.

Luego de estar dos meses afuera, la ira comenzó a sobrepasar al Klonopin. En un lapso de dos días volvió con más fuerza. Tenía miedo por mí y por mi familia. Estábamos en la parte norte del estado y le dije a papá que quería volver a casa lo antes posible, ya que me sentía iracundo otra vez. Básicamente me dijo que me callara y que nos iríamos en un día. Él fue muy estúpido al decirme eso, porque apenas podía contener mi rabia. Así que me senté en el remolque, solo, haciendo absolutamente nada con las llamas de furia que ardían en mi mente y, pensando en nada más que salir de ese lugar. Al día siguiente, dejamos las montañas Catskills y volvimos a Nueva York. Tomé la decisión de volver a tomar Zyprexa. Fui al Centro de Orientación y Psicoterapia de la Quinta Avenida y muy amablemente le pedí al doctor volver al tratamiento con Zyprexa, pues prefería sentirme como un zombi que convertirme en un asesino. Él me miró y me dio la prescripción.

Ese hombre salvó mi vida. Tomé el Zyprexa lo más rápido que pude. Cerca de dos semanas después, me sentía menos irritado. Después de dos meses, apenas sentía algo, Volví al letargo emocional que sabía me envolvería por años. Sin alegría, sin tristeza, sin altos ni bajos. Estaba seguro para seguir viviendo lo mejor que podía sin emociones. A decir verdad, es mejor no sentir nada a sentir una ira que te consume. Cuando la rabia es muy intensa, te puedes quemar.

Capítulo 13: New York City Voices: Aún Puedo Trabajar

Había salido del hospital y no tenía nada en que ocuparme. No podía trabajar porque me preocupaba que me quitaran mis beneficios médicos. No podía hacer ejercicio porque el Zyprexa me debilitaba. Decidí volver al programa del IPRT. Sin embargo, los viejos hábitos tardan en morir. Presenté un artículo al New York City Voices, Un periódico de salud mental, acerca de un nuevo antipsicótico el cual estaba ansioso de probar. Aquí está el artículo:

Al día con Zeldox
Publicado en la edición de otoño del año 2000 del NYC Voices.
William R. Jiang, MLS

Al ser un esquizofrénico paranoide, espero con ansías junto con otros por alguna noticia acerca del muy esperadoo medicamento y "éxito de ventas": Zeldox de Pfizer.

Algo de su historia: el 19 de julio de 2000, el comité asesor de la Agencia de Alimentos y Medicamentos (FDA, por sus siglas en inglés) aprobó nueve a uno a Zeldox. Pensé que tomaría varias semanas para que lo aprobaran oficialmente. Meses después me enteré de que la FDA no trabaja tan rápido. Pfizer recibió una carta de "aprobación" con pasos a seguir para la aprobación final de la FDA el 8 de septiembre de 2000. Mientras escribo esto, Pfizer y la FDA debaten acerca del etiquetado. Pfizer quiere una buena etiqueta sin una gran advertencia de riesgo de ataques cardiacos, como la FDA lo puede imponer.

Para hacer una investigación a fondo para este articulo, primero investigué en la página Web oficial de la FDA (www.fda.gov) e hice clic en el botón de búsqueda de la página principal. Eso me permitió buscar por todo el sitio alguna noticia de Zeldox. Obtuve siete resultados. Uno de ellos era el documento real en formato PDF que Pfizer presentó a la FDA para renovación. Luego de leer este documento, estaba impresionado con lo buen medicamento que parecía ser Zeldox. Así que parecía que tomarlo era una buena idea. La siguiente pregunta era: ¿Cuándo saldrá a la venta este nuevo medicamento? De manera que investigué en el sitio interactivo de Dow Jones en la Biblioteca de la Ciencia, la Industria y los Negocios en la Av. Madison y 34th en Manhattan. Desde esa gran base de datos comercial, me enteré de que Zeldox tardaría en salir al mercado por problemas con el etiquetado y que probablemente salga a la venta en 2001. No falta mucho para que tenga en mis manos ese medicamento.

Por otro lado, pensé en investigar un poco más en la Web. Encontré algunas estadísticas muy interesantes: "...Luego de 52 semanas, los pacientes en el grupo consumidor de ziprasidona tienen menos probabilidades de recaer en comparación al grupo consumidor de placebo. Aproximadamente el 70% de los pacientes que consumían placebos recayeron y solo el 30-40% de los consumidores de ziprasidona [Zeldox] lo hicieron (Fuente: www.pslgroup.com/dg/131696.htm). No lo podía creer. Me parecía un porcentaje muy alto de recaída. Otra estadística interesante: con una administración adecuada la tasa actual de recaída es de un 9% (fuente: www.mcg.edu/Resources/MH/sourcebk/sect2.html). No sé de donde sacan esas estadísticas, pero un 9% contra un 30% me parece una gran diferencia. Creo que aunque Pfizer diga que Zeldox es un buen medicamento, es mejor ser un optimista precavido. Tenía mis reservas, pero creo que con la aprobación de mi psiquíatra ¡seré unos de los primeros en la fila!

Un día a principios del año 2000, muy aburrido mientras esperaba para postular una vez más al programa IPRT, recibí una llamada:

"Hola ¿podría hablar con William Jiang?, dijo la voz en la otra línea.

"Al habla, dije.

"Mi nombre es Dan Frey y llamo por el articulo "Al día con Zeldox". Creo que es muy bueno y me gustaría publicarlo.

"Estaba eufórico. Nunca antes habían publicado alguno de mis escritos y, para mí, esto era un gran cumplido.

"También busco algunos voluntarios, dijo el Sr. Frey. ¿Te interesaría trabajar en el City Voices?

"¡Sí! ¡Definitivamente! dije.

Dan Frey me dio la información necesaria para comenzar a trabajar. Partí tres días a la semana en el City Voices. Rápidamente aprendí que el New York City Voices o "City Voices", como lo llamábamos, era un programa de la Asociación de Salud Mental de Nueva York (MHA-NYC) pues compartíamos el edificio con ellos. El Sr. Frey pasó a ser "Danny" luego de conocernos. Él era un hombre muy motivado y carismático, al cual estimo mucho, no tan solo por que me dio una oportunidad sino que también porque éramos similares en muchos aspectos. Por ejemplo, él estudió en el Bronx Science, el

91

gran rival de mi escuela; segundo, en nuestra juventud a los dos nos interesaban los juegos de rol. Ambos jugábamos Calabozos y Dragones. Los dos teníamos ascendencia judía. A ambos nos encantaba la banda sonora de Conan, el Bárbaro. Era como si casi hubiese encontrado una versión más joven de mí, aunque más funcional pues él tomaba menos medicamentos. Él era un buen tipo.

Danny me mostró el patrimonio que mantenía vigente. El legado del ahora fallecido abogado experto en salud mental, Ken Steele. Él era una gran figura. Cuando fui a mi primera reunión del comité directivo del City Voices, me asombró que la permanencia de Danny en el periódico recibiera tanto apoyo de gente tan poderosa. Estaba el operador de sistemas que manejaba la página Web, un abogado que se encargaba de grandes transacciones de bienes raíces y un montón de otra gente. La reunión estaba repleta. Su lealtad hacia la memoria de Ken Steele era impresionante. Me dediqué a ayudar a otras personas con enfermedades mentales al usar historias de recuperación y el periódico como medio para divulgar información útil y oportuna a muchas personas que necesitan ayuda.

Otro importante artículo que me asignó Danny fue escribir acerca de Santa Dimpna, la patrona de los enfermos mentales. Me lo asignó a mí porque Ken era católico y estábamos celebrando sus creencias y su vida en esa edición del City Voices. A continuación muestro ese artículo y algunos otros.

Santa Dimpna: Patrona de los Enfermos Mentales
Publicado en la edición de primavera del año 2001 del NYC Voices.
William R. Jiang, MLS

Santa Dimpna, según la leyenda popular, fue la hija de un jefe Celta pagano llamado Damon. Dimpna era cristiana. Se cree que murió cerca del año 650 DC. Luego de la muerte de su madre, ella huyó de su hogar con su confesor San Gerebernus y otros dos acompañantes, para así escapar del interés incestuoso que su padre tenía hacía ella.

Hay dos hipótesis para explicar la razón por la cual el padre de Dimpna tenía un interés incestuoso hacia su hija. Ambas hipótesis muestran que el rey se volvió loco luego de la muerte de su esposa. La primera teoría dice que, luego de buscar por todo el reino a una mujer tan buena y bella como su ya fallecida esposa, el rey se dio cuenta que su hija era la única que podía tomar el lugar de su mujer. La segunda teoría dice que el rey trató de casarse con su hija porque pensó que era lo mejor para la estabilidad política de sus dominios.

San Gerebernus, Dimpna y sus otros dos acompañantes huyeron a la ciudad de Amberes; para luego construir un oratorio en Gheel, cerca de Amsterdam, donde vivieron como ermitaños. El padre de Dimpna los encontró en unos meses, y sus hombres mataron al sacerdote y a los otros dos; mientras que Dimpna fue decapitada en manos de su propio padre, pues ella se negó a volver con él al reino. Cuando los cuerpos de Dimpna y Gerebernus fueron descubiertos en Gheel, en el siglo 13, se divulgó que muchos epilépticos, dementes y poseídos habían sido curados. Santa Dimpna es la santa patrona de los epilépticos y los enfermos mentales. Se cree que sus reliquias curan la demencia y la epilepsia. Cuando un incendio destruyó la antigua iglesia de Santa Dimpna en Gheel en el año 1489, se construyó una nueva en su lugar, la cual fue consagrada en el año 1532.

Se conoce a los habitantes de Gheel por estar bajo el patronato de Santa Dimpna y por los cuidados que les brindan a los enfermos mentales. Casi al término del siglo XIII se construyó un sanatorio. En la actualidad, el pueblo posee un sanatorio de primera clase, una de las colonias para enfermos mentales más grandes y más eficientes del mundo. En Gheel fueron unos de los primeros en iniciar un programa de inserción para los habitantes dementes, el cual les permitía llevar una vida normal y útil en los hogares de los campesinos y los habitantes de esa localidad. La fortaleza del culto a Dimpna se ve reflejada en el trabajo caritativo de la gente de Gheel hacia los enfermos mentales, en una época en que eran universalmente rechazados o tratados con hostilidad.

La fiesta de Santa Dimpna es el 15 de mayo.

Entre escribir artículos para el City Voices y ofrecerme de voluntario para trabajos extraños en la oficina del City Voices, Danny, yo y otros más salíamos a comer comida rápida. Hubiésemos preferido otro tipo de comida, pero no teníamos dinero. Las personas con discapacidades necesitan hacer rendir su dinero y no hay comida más barata y llenadora que una hamburguesa de McDonald's. En ese lugar nos sentábamos a conversar sobre muchas cosas. Sin embargo, siempre volvíamos a hablar acerca de temas concernientes al periódico. Me gustaba hablar con Danny. Él se mantenía centrado y preciso.

En un corto plazo, ya publicaba mis opiniones personales e

historias de recuperación. Quería compartir con el mundo que uno sí se puede mejorar de un desorden mental, ser una persona inteligente y que valga la pena. Siguiendo este pensamiento escribí los artículos que muestro a continuación:

La importancia de seguir las ordenes del doctor
Publicado en la edición de otoño del año 2001 del NYC Voices
William R. Jiang, MLS

Me diagnosticaron esquizofrenia paranoica cuando fui hospitalizado por primera vez en al año 1992. A los 19 años, tomaba una dosis baja de un antipsicótico llamado Navane (10mg). No podía soportar tener que tomar medicamentos debido al estigma de tener que depender de antipsicóticos, por lo cual mi psiquiatra y yo trabajamos en conjunto para disminuir gradualmente la dosis a 1mg de Navane diario para luego llegar a no ingerirlo en absoluto. No me sorprende que luego de dejar de tomar el Navane volviese a tener pensamientos psicóticos. Pensé que era una nueva encarnación de Buda, porque por una parte tomaba clases de budismo y por otra parte sentía el "tercer ojo" en el centro de mi frente. No es necesario mencionar que tres días después fui admitido en la sala de emergencias psiquiátricas cerca de mi universidad debido a que pensaba que los federales me estaban persiguiendo, luego de eso comencé a tomar 40mg de Navane y me sentía como un zombi.

Nunca más fui capaz de volver a bajas dosis de medicamentos. Soñar que puedo volver a tomar menos remedios es todo lo que puedo hacer en estos momentos. Luego de tener un colapso nervioso, no se debe nunca dejar de tomar medicamentos totalmente, porque si lo haces tienes más probabilidades de recaer. Con cada recaída me he vuelto una persona menos funcional. Por ejemplo, después de mi primera recaída podía leer todo el día, pero luego de la segunda ya no era capaz de hacerlo. Antes y después de mi primera recaída era muy sociable. Luego de la segunda, perdí mis habilidades sociales y ya no podía conversar como antes.

En la actualidad, todo lo que puedo hacer es esperar y esperar por mejores medicamentos. Mantengo mis ojos y oídos abiertos por noticias acerca de nuevos medicamentos anti-psicóticos y espero por el que funcione como "arte de magia" en mí. Si tan solo me hubiese quedado con la baja dosis de Navane, no tendría que esperar y esperar como lo hago actualmente. Mi consejo para quienes recientemente han tenido un ataque psicótico es: SIGUE TOMANDO

TUS MEDICAMENTOS. Visita regularmente a tu psiquiatra. Dos de tres personas lo necesitaran de todas formas ¿Realmente te quieres arriesgar a deteriorar tu estado de salud? Esto no quiere decir que no puedas bajar tus dosis de medicamentos, pero si te mantienes con una dosis baja de ellos es mucho más seguro que no tomar medicamentos en lo absoluto.

Incluso si tomas tus medicamentos, la tasa mensual estimada de recaídas es de un 3,5%. Esa misma tasa aumenta a un 11% mensual para pacientes que toman descontinuadamente sus pastillas. En simples palabras esto significa que los pacientes tienen una posibilidad tres veces mayor de recaer si no siguen las órdenes del doctor.

Buena suerte, cuídense y recuerden que la salud mental es el regalo más preciado para aquellos con alguna enfermedad mental.

Mis dos yo: enfermo o sano
Publicado en la edición de otoño del año 2001 del NYC Voices
William R. Jiang, MLS

He tenido síntomas esquizofrénicos desde el año 1992, casi diez años ya. Después de que me enfermara, de alguna manera conseguí un titulo universitario en lengua inglesa y una maestría en bibliotecología. En el camino tuve que aprender a reconciliar mi yo enfermo versus mi yo sano. Algo que me ha ayudado mucho en este proceso es el hecho de saber de alguna manera cuando estoy enfermo y cuando estoy sano. Saber en que proporción también ayuda.

Cuando estoy sano, la vida es fácil. No tengo que lidiar con pensamientos incoherentes ni con depresión. Cuando estoy enfermo; sin embargo, es totalmente diferente. A veces vivir el presente se torna un trabajo. Las situaciones que son fáciles cuando estas "sano" se vuelven insuperables para nosotros. Cuando a mí me pasaba y estaba enfermo, esperaba que desapareciesen luego. Hacer esto requiere de toda la paciencia posible.

¿Cómo obtuve mis títulos? Lentamente, paso a paso. Fui a la universidad medio tiempo cuando estaba en la escuela de posgrado, y a la vez tenía que lidiar con muchos pensamientos enfermizos. ¿Cómo logro diferenciar los pensamientos enfermizos de los que no lo son? Esa es una buena pregunta, pues algunas personas nunca se dan cuenta de que están enfermas, incluso cuando es obvio para toda la gente que los rodea. Muy en el fondo, para mí, es difícil salir adelante cuando estoy enfermo, porque mi condición puede ser más real que la realidad misma. Como un mal viaje. Nunca he usado alucinógenos, pero creó que así se debe sentir.

¿Cómo puedo confiar en las personas cuando me siento psicótico? Por que puedo confiar en ellos. Si estuviese muy psicótico, no hubiese manera de que pudiese hacer esto. Yuxtapongo mi presente con mi pasado, y luego noto si hay algo aberrante en mis pensamientos. Un amigo los llama "señales de alerta". Cuando estoy muy negativo o muy positivo, lo noto y es muy peligroso. Si estoy negativo, estoy usualmente muy cansado. ¿Cómo lo arreglo de manera rápida? Me voy a dormir. Sentirse muy bien significa que pronto iré por el camino equivocado, así que tomo una pastilla de 5mg de Navane y dejo de sentirme eufórico. Si me siento paranoico mientras estoy en clases, me hago una introspección, tomo mis medicamentos que el psiquiatra diligentemente me ha prescrito y me digo que esto también pasará, y siempre lo hace, al final. Comúnmente, la paranoia me atacaba en situaciones sociales, cuando estaba por terminar mis estudios y también en la noche. Para mí, el cansancio físico trae consigo pensamientos enfermizos. Darme cuenta de esto y tomar con calma los estudios realmente dieron resultados.

Otro truco que utilicé para lidiar con la esquizofrenia en mis estudios, fue poner a prueba la realidad a través de otros. Si tengo muchas alucinaciones, le consulto a la gente si lo que estoy percibiendo es real. Una pregunta que frecuentemente hacía y que sigo teniendo en las noches es ¿Hueles humo? El truco esta en creer en la respuesta que te den. Es difícil confiar en otros cuando estas psicótico, pero si preguntas por un hecho en concreto la gente te puede ayudar.

En conclusión, si optas por estudiar y padeces de una enfermedad mental, mi mejor consejo sería que lo hagas paso a paso. Tú puedes hacerlo. Yo tengo una enfermedad mental y lo hice. Soy la prueba viviente de ello. He visto fallar a personas con esta misma enfermedad en estudios superiores, solo por no dosificar sus esfuerzos. Estudia medio tiempo. Si dudas, hazlo paso a paso. Puede que a veces sea frustrante, pero si realmente lo deseas ¡puedes hacerlo!

Contraeditorial: ¿Los neurolépticos obstaculizan la recuperación? Publicado en la edición de primavera del año 2002 del NYC Voices. William R. Jiang, MLS

Me suscribí a un grupo de noticias: alt.support.schizophrenia. Uno de los temas que se debatían era: ¿Será que los antipsicóticos son un obstáculo hacia la recuperación de la esquizofrenia? En la edición del 4 de marzo del periódico USA Today publicaron un artículo titulado: "Los psicotrópicos dificultan la recuperación" escrito por Robert Whitaker. En el artículo el Sr. Whitaker advertía que las personas que sufren de esquizofrenia en países en desarrollo no tienen acceso a medicamentos y, sin embargo, ¡se mejoran! También se refirió a John Forbes Nash, que hace poco se hizo conocido por la película "Una Mente Brillante", quien dejó de tomar neurolépticos en al año 1970 y quien se ha mejorado desde entonces.

Para agregar a lo dicho anteriormente, encontré un artículo en boston.com titulado "Grupo causa revuelo en debate sobre esquizofrenia" escrito por Ellen Barry el 3 de marzo de 2002. Esencialmente el artículo mostraba a un grupo de personas a quienes se les dijo que tendrían que tomar medicamentos antipsicóticos por el resto de sus vidas para tratar su psicosis y, sin embargo, se recuperaron sin tomar medicamentos. Estos afortunados que se mejoraron por completo trabajan para un grupo llamado Centro de Empoderamiento Nacional (National Empowerment Center). En el artículo se declaraba: "Como organización Lawrence sin fines de lucro, el Centro de Empoderamiento Nacional ha divulgado un mensaje controversial. Éste pregona a personas con una enfermedad mental y sus familias que los centros psiquiátricos les han mentido acerca de su estado de salud".

Entonces, ¿Qué pienso acerca de estas opiniones antipsiquiátrica? Recuerdo unas estadísticas de la página Web de la Alianza Nacional de Enfermedades Mentales (NAMI) que se referían a la esquizofrenia: Aproximadamente un tercio de los pacientes se mejora, un tercio se mantiene igual y un tercio empeora pasados diez años desde su primer brote psicótico. También creo, por experiencia personal, que mientras antes tomes medicamentos contra la esquizofrenia, menor es la dosis que necesitas ingerir. ¿Qué pienso acerca de lo dicho por Robert Whitaker? Primero, creo que es arriesgado postular algo así. Segundo, creo que es un argumento engañoso; que no veas enfermos mentales en países en desarrollo no quiere decir que se hayan mejorado. Me gustaría que revisara un poco más los hechos y pudiese citar estadísticas acerca de la tasa de remisión de la esquizofrenia en países en desarrollo, y estoy seguro que se parecerían mucho a las estadísticas de Estados Unidos, exceptuando que se verían más como: Un tercio de los pacientes se mejora, un tercio se encuentran encadenados para no autoinflingirse heridas y un tercio se encuentra muerto (como mínimo).

¿Qué pienso acerca del mensaje que divulga el Centro de Empoderamiento Nacional? Pienso que es ridículo y peligroso. Hay muchos grupos en Internet que tratan de convencer a la gente que los psiquiatras mienten a sus pacientes y que es mejor decidir por ellos mismos si necesitan medicamentos o no. Hay seis grupos que encontré en Internet que promulgan este mensaje. Dos de ellos se llaman la Coalición Antipsiquiátrica y el Frente de Liberación para Lunáticos. Los doctores saben desde hace mucho tiempo que las enfermedades mentales pueden entrar en remisión por sí mismas, pero solo para algunos afortunados. Los usuarios de salud mental que decidan seguir estos movimientos de antipsiquiatría aprenderán de forma difícil que los doctores están realmente para ayudar. En una de mis sesiones, hablé con mi terapeuta acerca de este tema y él dijo que no podía creer que una persona que conozca sobre el tema pueda tomar en serio estos movimientos. Espero que muy pocos de los usuarios de la salud mental tomen la antipsiquiatría en serio.

Luego de trabajar por un tiempo en el City Voices, me asignaron el puesto de director de publicidad. Recaudé más de $6.000 dólares en la edición del décimo aniversario y promedié cerca de $2.000 dólares de ingreso por edición. Pienso que hice un buen trabajo, debido a mi buen desempeño en atención al cliente y mi empatía. Lo hice tan bien que convencí a Danny a que me asignara la mantención del sitio Web del City Voices. En ese momento la página no había sido actualizada hacía más de un año, y quería poner esa referencia en mi curriculum. Trabajé en la página web para poder actualizarla gratuitamente. Luego conseguí $400 dólares por edición para actualizarla. Estaba feliz de trabajar en el City Voices. Danny era un jefe genial y me sentía parte integral de un equipo que estaba haciendo un trabajo importante. Incluso conseguí una donación de $15.000 dólares de parte Eli Lilly debido a una carta que escribí de parte de Dan Frey y el City Voices.

A continuación un vistazo al análisis demográfico de los lectores del City Voices en el año 2003:
Análisis demográfico de los lectores del City Voices,
3 de mayo de 2003
William R. Jiang, MLS
98

Como introducción a la presentación del análisis demográfico en línea de los lectores del City Voices, me gustaría decirles a nuestros lectores el estado general de nuestra página web. A estas alturas, nuestros lectores provienen desde 64 países diferentes, no solo desde la ciudad de Nueva York. ¡La mayoría de nuestros lectores llegan vía Google! Proyectamos 200.000 resultados para este año. ¡Hacemos llegar nuestro mensaje de fortaleza a la gente que necesita un mensaje positivo en el mundo! En la actualidad buscamos anunciantes en línea, pero tenemos espacio limitado. Para mayor información sobre como publicitar en nuestra página Web contácteme al mail kd3qc@yahoo.com La encuesta de análisis demográfico de nuestros lectores ha estado en línea por tres meses y hasta la fecha hemos tenido 62 respuestas. Para quienes decidan completar nuestro cuestionario, ¡Muchas gracias por su tiempo! Existen cuatro aspectos básicos que investigamos: estado de salud mental, género, edad y diagnóstico.

Esencialmente, la mayoría de los lectores del City Voices son usuarios de salud mental, el segundo grupo mayoritario son familiares de alguien con una enfermedad mental., y por último están los profesionales de salud mental. Nos leen tanto hombres como mujeres con una leve tendencia masculina. La mayoría de nuestros lectores tienen entre 22 y 30 años, la gente con edades entre los 31-40, 41-50 y 51-60 tienen igual llegada entre nuestros lectores; y el grupo que parece leernos en línea fue el grupo de hasta 21 años de edad. En cuanto al diagnóstico de nuestros lectores, al grupo más grande es de aquellos diagnosticados con esquizofrenia. Había tantas personas en nuestro sitio entre familiares y amigos como personas diagnosticadas con esquizofrenia. El otro gran grupo de nuestros lectores eran aquellos con depresión, luego con trastorno bipolar y nuestro grupo menos representativo era el de aquellos con trastorno esquizoafectivo y otras enfermedades mentales.

A mi cargo, la página Web del City Voices aumentó de 5.000 visitas por año a más de 600.000. Trabajé medio tiempo por cuatro días para producir cada edición del City Voices. A veces la edición en línea estaba disponible antes que la edición impresa final. Estaba orgulloso de tal eficacia. Sin embargo, pensaba que la producción de la página Web podría automatizarse de alguna manera. Hablé con mi hermano Leaf y me sugirió que aprendiese el lenguaje de programación Perl. Me tomó cerca de un mes aprender a utilizar Pearl. Escribí un programa que tomaba particularmente los archivos con formato de texto de entrada y debería obtener como resultado páginas Web que pudieran enlazar para un producto final. En menos de cuatro horas era capaz de crear un sitio Web de 35 páginas. Además de que agregué la funcionalidad de publicar anuncios, para así poder vender publicidad en el sitio Web y generar dinero. La página Web pasó de ser un buen sitio que informaba a las personas, que originaba historias y nuevos talentos a ser una fuente de ingreso para el periódico.

La historia del City Voices continuaría por años.

CAPÍTULO 14: KINGSBOROUGH COMMUNITY COLLEGE: MI PRIMER TRABAJO COMO BIBLIOTECARIO

Para mí el trabajo es parte esencial de mi recuperación. Sin un empleo, la dignidad y respeto que nosotros mismos y otros nos brindan se ve disminuida. El siguiente artículo representa las diferentes etapas de mi retorno a la fuerza laboral.

La importancia del trabajo en mi recuperación
Tener un empleo es fuente de orgullo y realización
Publicado en la edición de otoño de 2002 del NYC Voices
William R. Jiang, MLS

En todos los años en que he recibido cuidados debido a mi esquizofrenia paranoide, la terapia que mejor ha funcionado ha sido trabajar. He recibido y continúo recibiendo terapia cognitivo-conductual individual con un excelente terapeuta. He hecho terapia grupal en un programa de rehabilitación psiquiátrica intensiva, el cual me dio la oportunidad de ver que no era el único que sufría de esta terrible enfermedad. Sentirme parte de un grupo realmente me ayudó. También, continúo tomando una combinación típica y atípica de antipsicóticos, los cuales me mantienen cuerdo.

Hay algo de auto-validación en tener un trabajo y una sensación de dignidad que no tengo cuando estoy sin empleo. Me esforcé en la universidad. Me sentía como el protagonista de la película "En Busca del Destino". Era un estudiante con honores y también era un conserje. Mientras trapeaba baños, pensaba en ecuaciones diferenciales y calculaba modelos de regresión no lineal.

Esa era mi situación laboral en ese entonces. Muchos años pasaron antes de poder trabajar otra vez. Actualmente, trabajo medio tiempo como profesor de computación en el Postgraduate Center West. En ese lugar son todos increíbles y hacen que cada día sea muy placentero ir a trabajar. Enseño MS Word, MS Excel, MS Power Point, MS Access; los sistemas operativos Windows 95 y 98; y computación en general. Acabamos de ir a un paseo escolar a CompUSA. Fue muy divertido. Me encantaría enseñar sobre Internet y todas sus complejidades a mis estudiantes, pero en este momento no tenemos los recursos suficientes para implementar la sala de clases. Ojalá que en el futuro seamos capaces de hacerlo, pues estoy convencido de que la mayor habilidad computacional de hoy en día es saber usar un navegador para acceder con seguridad a la web.

Gracias al programa experimental New York Works un programa conjunto entre el Departamento de Trabajo del Estado de Nueva York (DOL, por sus siglas en inglés) y la Administración del Seguro Social (SSA, por sus siglas en inglés) ahora ¡puedo trabajar! El New York Works es lo que me ha permitido trabajar medio tiempo y mantener todos mis importantes beneficios. Antes de unirme al New York Works tenía mucho miedo de buscar un trabajo, pues no quería perder mis beneficios, los cuales me permiten ver a un psiquiatra y obtener mis medicamentos. No podía correr el riesgo. La gente del New York Works me ha apoyado en cuanto a mis metas profesionales. Si alguna persona del alto mando del DOL o del SSA está leyendo este artículo, me gustaría que supiesen que ¡sus esfuerzos son apreciados y hacen la diferencia!

La Ley de Boleto al Trabajo, firmada por el ex presidente Bill Clinton el 17 de diciembre de 1999, ha generado la creación del programa Medicaid buy-in, el cual fue aprobado en Albany el año 2003. Este programa le dará a muchas más personas con discapacidades psiquiátricas la habilidad de aprovechar los beneficios del trabajo: monetariamente o de cualquier otra manera. Mi deseo de vacaciones para todos mis amigos con alguna enfermedad mental es el siguiente: ¡Que mayo de 2003 sea un año de salud y talvez de nuevos comienzos en relación a sus tan aplazadas ambiciones laborales!

Mientras enseñaba computación en el Centro de Posgraduados, asistía a una clase de Referencia Médica. Quería adquirir tanta experiencia en referencias como fuese posible.

Luego, como estaba en el programa New York Works, me alenté a buscar un trabajo como bibliotecario. Vi un aviso de trabajo como profesor asociado en Kingsborough Community College y llené una solicitud. Tres meses después, estaba feliz de que me contactaran

101

para una entrevista.

Llegué a Kingsborough Community College dos horas antes. No quería llegar tarde para una entrevista tan importante. Caminé hacia el mesón de referencias que era dirigido por una simpática bibliotecaria, de edad avanzada y de pelo canoso; ella me dijo que esperara en la biblioteca hasta que fuese mi turno. Estaba impresionado con la belleza del campus. Era uno de los más bellos que hubiese visto; estaba al lado de la costa y el terreno se veía muy bien cuidado. Pensé que CUNY sabía lo que hacía con ese lugar. Esperé pacientemente mientras escuchaba música, hasta que la entrevista comenzara. Dos horas después, la bibliotecaria con la que había hablado anteriormente, y la que después conocería como Jeanne, vino a buscarme. Tuvimos una agradable conversación mientras me guiaba por las escaleras hacia la oficina del Director de Bibliotecología, en el último piso de la biblioteca. La vista desde el campus era hermosa, pero desde esa oficina la vista te dejaba sin aliento. Se podía ver el mar, la gente haciendo surf y el campus muy bien cuidado. Ese día en particular estaba despejado, con algunas nubes deslizándose por el cielo azul. Bellísimo. Lo que pasó a continuación fue como un rito de iniciación.

El asistente administrativo me hizo pasar a una sala de reuniones en donde vi a seis personas sentadas. Quedé pasmado cuando me di cuenta de que todos esperaban por mí. Me hicieron algunas preguntas personales durante la entrevista. Ésta duro treinta minutos. Si hubiese sabido que iba a ser entrevistado por una junta con muchas personas, probablemente hubiese sido mucho más aprensivo y posiblemente me hubiese puesto nervioso por la presión. Me preguntaron que estaba haciendo por el momento, y yo les respondí que luego de regalar dos años de mi vida a una organización sin fines de lucro, el City Voices, estaba listo para ejercer mi carrera como bibliotecario. Como ya estaba ahí, iba a dar mi mejor impresión. Para finalizar, les mencioné cuan bello era el campus y luego Jeanne me sacó a toda velocidad de la sala. Dos meses después, recibí una llamada de Jeanne. Me ofreció un trabajo de medio tiempo en la Biblioteca de Kingsborough como profesor asociado. Estaba contentísimo, y acepté.

Pasé buenos momentos trabajando en el ajetreado mesón de referencias de Kingsborough. Había momentos en que respondía más de veinte preguntas en una hora. También había momentos en que era muy lento. Los estudiantes llegaban en masa. Sin importar cual fuese mi desempeño, hice lo mejor que pude. Un día en particular fue muy gratificante; llevaba como un mes en el trabajo y la Jefa de referencias, Jeanne, me llevó a un costado y me dijo que estaba haciendo un buen trabajo, que "pienso" como bibliotecario. Estaba muy feliz de que dijese eso. Significaba mucho para mí pues ella sabía de lo que hablaba y me hizo sentir muy bien sobre el trabajo que desempeñaba en la universidad.

El único problema con el trabajo en Kingsborough era que el viaje de ida y de vuelta duraba un total de cuatro horas. Era muy, pero muy difícil soportar el estrés de tal trayecto. Debido a que trabajaba ocho horas diarias, tenía un turno de 12 horas seguidas, y cuando uno toma medicamentos antipsicóticos, se hace más difícil soportar tantas horas. Entre más alta tu dosis, más ganas dan de dormir y mientras no estuviese tomando una dosis muy alta, me sentía somnoliento todo el tiempo.

Después de trabajar un año en Kingsborough, decidí que era hora de hacer un cambio. Busqué un trabajo más cerca de mi hogar.

Capítulo 15: Combinando mi carrera con la ayuda a los demás: el Instituto Psiquiátrico del Estado de Nueva York

Después de mi trabajo en la Universidad Comunitaria Kingsborough, hubo un hueco en mi vida laboral. Supongo que debería haber buscado empleo mientras trabajaba en Kingsborough, pero no lo hice. Todavía era *webmaster* de medio tiempo para el *New York City Voices*, y casi dos meses después de que dejé de trabajar en Kingsborough vi un artículo que iba a publicarse en el sitio web para la siguiente edición del diario. Este artículo se trataba de una biblioteca especializada ubicada en el Instituto Psiquiátrico del Estado de Nueva York que educa y proporciona guía para personas con trastornos mentales. Me llamó la atención porque este tipo de trabajo es lo que yo había estado haciendo en el *City Voices*. Llamé al número que se incluía en el artículo y hablé con un trabajador social que estaba a cargo de la biblioteca. Le pregunté si contaban con un bibliotecario. Dijo que tenía empleados trabajando en la biblioteca, pero ninguno de ellos contaba con título de bibliotecología alguno. Mi corazón dio un salto. Le pregunté por alguien con quien pudiera hablar para solicitar mi contratación en la biblioteca de pacientes. Me dio el número de la jefa de Trabajo Social: Helle Thorning. La llamé y ella me pidió que enviara por fax mi hoja de vida y una carta de presentación con recomendaciones. Lo hice con alegría. Revisé mi hoja de vida y redacté una breve y cuidadosa carta de presentación. Me comuniqué con ex colegas de Kingsborough, los cuales se dispusieron a proporcionarme recomendaciones entusiastas. Todo estaba en orden. Envié mi hoja de vida, la carta de presentación y las recomendaciones por fax, y esperé.

Aproximadamente un mes después, me invitaron a una entrevista en el Instituto Psiquiátrico (IP). Para ese día compré una elegante corbata de color azul metálico que tenía un código binario blanco. Me pareció que se veía bien sin dejar de ser convencional. Fui al IP a las 8:30 a.m. y esperé a Helle en la oficina de Trabajo Social. Helle era una mujer blanca de mediana edad, alta, delgada. Tenía ojos vivaces y comportamiento agradable. Me sonrió y me indicó que la siguiera. Eso hice. Me comunicó que se me entrevistaría con ella y con el jefe de Terapia Ocupacional y Recreativa: Matt Gold, a quien esperamos en un cuarto designado para las familias de los pacientes en el quinto piso. Había obras de arte clásicas y fotografías en la pared. Me sentí muy positivo acerca de las posibilidades de conseguir el empleo. Helle y yo conversamos ligeramente, y un poco después Matt Gold entró en la habitación. Matt es un hombre grande en el cuerpo de un hombre pequeño. Esa es la mejor manera en que puedo describir su aura. Era un hombre blanco de mediana edad, con una amable sonrisa y ojos sabios. Helle y Matt me entrevistaron durante unos veinte minutos. Yo tenía confianza en mis habilidades de bibliotecología, y sabía que mis antiguos compañeros de Kingsborough me apoyarían. Me acompañaron fuera del edificio tras la entrevista. Les di las gracias por última vez. Me dijeron que tardarían algún tiempo en darme una respuesta y que podría ser más o menos difícil obtener el cargo, ya que ni siquiera existía en primer lugar.

Pasó un mes y yo aún no tenía noticia del asunto. Llamé a Matt y Helle para hacerles saber que yo todavía estaba interesado en el puesto, les pregunté si todavía me contaban como candidato. Helle parecía contenta por mi interés. Matt me dijo que no dejara de llamarlos porque efectivamente todavía me contaban como candidato. Pasaron cuatro meses. Matt me llamó, me dijo que debía ver a Helle a las 8:30 a.m. del lunes. El empleo era mío.

Lo primero que hice después de ser nombrado bibliotecólogo en el IP fue diseñar un sitio web para la biblioteca. En realidad no tenían uno bueno. Trabajé en ello durante el fin de semana. El diseño lucía bastante profesional, lo que me satisfizo. Luego pensé que mi hermano Leaf podría programar un catálogo de libros online. Pero resultó imposible llevarlo a cabo. No había suficiente dinero en el presupuesto. Hice algunas averiguaciones y me encontré con una compañía llamada Librarycom. Ofrecían OPACs (catálogos web) por un dólar al día. Me gustó el precio. Me dispuse a efectuar el catálogo de la colección de 500 títulos con sus volúmenes. Tomó alrededor de un mes completar la labor. Una vez terminada, contaba con una presencia en Internet consistente en una colección de libros especializados que puede consultarse desde cualquier lugar del mundo.

Mientras planificaba el diseño de la página web seguí manteniendo la biblioteca abierta a todos los interesados. Me pareció que las mejores fuentes de material educacional referente a los trastornos mentales son el NIMH (Instituto Nacional de Salud Mental, por sus siglas en inglés) y la NARSAD (Alianza Nacional para la Investigación de la Esquizofrenia y la Depresión, por sus siglas en inglés). Pedí muchos folletos de ambos centros para distribuir entre los interesados en

105

aprender sobre las enfermedades mentales. Además de eso distribuí diarios dentro de la institución como servicio a los pacientes. También traje un carrito de libros al edificio tres veces por semana. Incluí libros en inglés y español, así como material psicoeducacional. Era agradable trabajar con Matt y Helle. Siempre estaban disponibles para dar consejo o dirección cuando fuera necesario. Una vez por mes presentaba las labores realizadas en una reunión con el comité de psicoeducación, donde contábamos con la directora de Trabajo Social, el jefe de Terapia Ocupacional y Recreativa, el jefe de Enfermería, y otras figuras importantes en la comunidad del hospital. Al principio era un poco intimidante hacer la presentación de mi biblioteca en frente de estas personas, pero lo tomé con calma y ahora guardo buenos sentimientos hacia todas ellas. Somos un equipo que está ahí para ayudar a los pacientes y sus familias con sus necesidades psicoeducativas.

Todo iba muy bien. Luego mi catálogo de libros dejó de estar disponible durante seis meses debido a que un cheque fue retenido por la oficina de negocios. En vista de ello decidí programar mi propio catálogo de libros usando PHP y MySQL. Después de aprender a utilizar PHP y MyAdmin PHP por un mes en mi servidor web personal, fue el momento para emplearlo. Dispuse de un voluntario para ingresar los datos de los libros en una base de datos de MS Access, y una vez hecho esto exporté los datos en un formato de texto delimitado por punto y coma y lo subí a mi servidor. ¡Y funcionó! También tomé la colección especial de videos comentados y la hice consultable por palabra clave. Por último desarrollé, y continúo desarrollando, una lista de enlaces muy útiles para las personas que padecen enfermedades mentales y para quienes se hacen cargo de ellas. Todo ello fue traducido al español. En este momento el sitio web es un recurso muy útil en sí mismo, separado de la colección física.

Fue entonces que decidí escribir otro artículo para el *City Voices* expresando mis sentimientos por mi trabajo y la gente involucrada en él.

Biblioteca del Paciente y la Familia en Washington Heights: ser de ayuda a los pacientes como bibliotecario es muy gratificante para mí
Publicado en el número de la primavera de 2007 del *NYC Voices*
Por William R. Jiang, MLS

Estoy trabajando a tiempo completo como bibliotecario en

la Biblioteca del Paciente y la Familia del Instituto Psiquiátrico del Estado de Nueva York, haciendo buen uso de mi maestría en bibliotecología. Lo hago bien para ser alguien de treinta y cinco años a quien se le diagnosticó esquizofrenia paranoide en la adolescencia. Buena parte de mi recuperación la adjudico a mi empleo cerca de psiquiatras, y además mantengo un buen control sobre mis síntomas. De esta manera, si siento la necesidad de ser hospitalizado, lo hago. Si tengo que ajustar mis medicamentos, lo hago bajo supervisión de mi psiquiatra. Por lo general mi psiquiatra está de acuerdo con mis decisiones, y yo sigo su guía. Somos un equipo que funciona bien.

En la Biblioteca del Paciente y la Familia nos centramos en la "psicoeducación" de las personas que padecen una enfermedad mental. La psicoeducación es una forma de tratamiento de salud mental que incluye elementos de ilustración médica general y psicoterapias de grupo. En este momento yo valoro mucho más la atención que obtengo porque puedo ver más claramente la salud mental desde su enfoque profesional, y estoy comprometido con mi recuperación en curso.

El material psicoeducativo de nuestra biblioteca incluye libros, folletos, videos, revistas y recursos de Internet. Nuestros clientes son los pacientes psiquiátricos, sus familiares y personas que los cuidan. La biblioteca es particularmente útil para los pacientes que recientemente han sufrido su "primer ataque" y que todavía se están orientando con respecto a la realidad de padecer un trastorno mental grave. Los internos de trabajo social facilitan a estos pacientes videos de la colección de la biblioteca para dirigir grupos de conocimiento y comprensión. Comenzar el trabajo dentro del hospital y a partir de ahí llegar a la comunidad general es el objetivo al permitir a los pacientes acceder a los materiales de la biblioteca.

El autoconocimiento es el factor más importante de los que me han ayudado a lidiar mi enfermedad. Cincuenta por ciento de las personas que padecen esquizofrenia no son conscientes de su problema. Animo a la gente a acceder a los tratamientos médicos y sociales que necesitan para poder vivir su vida al máximo.

El sitio web de la Biblioteca del Paciente y la Familia dispone de enlaces de mucha ayuda para la comunidad neoyorquina que padece trastornos mentales. También pueden los usuarios obtener material educativo gratuito, ayuda legal, orientación vocacional y mucho más. El sitio web de la biblioteca es: http://nyspi.org/Kolb/nyspi_pf_library/spanish_index.html. También puede llamar al (212) 543-6713 para más información.

Al comienzo de mi carrera en el instituto psiquiátrico, Matt me informó de la posibilidad de participar en una clase de español que ofrece Educación y Formación. He tenido el placer de aprender español en el IP por cerca de tres años con un gran instructora llamada Carmen Banton. Realmente he mejorado bajo su instrucción, y me siento afortunado de haber tenido la oportunidad de convertirme en bilingüe con su ayuda amistosa y paciente. Ella me inspiró a tomar clases formales de español en la Universidad de la Ciudad de Nueva York. Ahora mismo me encuentro en el final del nivel intermedio de español. Puedo hablarlo tan bien como lo escribo, y aprovecho cada oportunidad que se me presenta para practicar con la gente de Washington Heights. La clase de español ha sido también una oportunidad social para mí. Es muy útil acceder al punto de vista del periódico español El País, una fuente de noticias que no es estadounidense. Puedo decir que el aprendizaje del idioma español ha ampliado mi mente, y me ayuda a respaldar a los pacientes hispanohablantes en el hospital.

En la clase de español conocí a un investigador científico alemán muy alto que ahora considero uno de mis mejores amigos, Christoph. Realmente le admiro. Él es un joven investigador superestrella aquí en el IP, y me alegra decir que recientemente consiguió un laboratorio propio. Le ayudé a escoger su primer ordenador para su oficina. Salimos a comer con frecuencia, y estoy orgulloso de nuestra amistad.

Otro hombre que considero un amigo aquí se llama Jack. Trabaja con el Departamento de Trabajo Social, se encarga de que las cosas salgan bien allí. Es un sensato puertorriqueño mayor que yo un par de años. Lo conozco desde que empecé a trabajar aquí en el IP, y nuestras conversaciones pueden ir desde el último video que vimos en YouTube o lo que hicimos el fin de semana hasta cosas de política y más. De vez en cuando practico mi español con Jack, pero por lo general conversamos en inglés. Es un buen sujeto.

Otra persona con la que socializo en el IP es el encargado de la biblioteca de personal, David. Le ayudé a diseñar la página web principal de su biblioteca hace unos dos años, y almorzamos juntos con frecuencia. Hablamos de baloncesto, política, bibliotecología o programación informática. David está muy bien informado sobre bibliotecología médica en general, y nadie conoce tanto como él la estructura de la información psiquiátrica.

Hay varias personas en la Unidad 4 Sur con quienes me relaciono: Chuck, Marion, Eddie, Anna y Mark. Almorzamos juntos, disfruto su compañía. Qué puedo decir, con toda esta gente amable es un placer visitar su unidad y trabajar con ellos.

He conocido a mucha gente buena aquí en el IP. Todos ellos enriquecen mi vida, y estoy satisfecho de saber que cada uno trabaja duro como equipo que trata de mejorar la vida de las personas con problemas psiquiátricos. Cuando uno es el paciente, se siente con frecuencia que todo es acerca de uno y sus problemas, sin que importe el personal profesional. Este no es el caso de la gran mayoría de los trabajadores. La gente con la que he trabajado son personas muy cariñosas cuyas vidas en el hospital giran alrededor de hacer su trabajo lo mejor posible por sus pacientes.

En este momento, estoy ayudando con la enseñanza de español conversacional en el IP con mi maestra y mentora Carmen, quien es una inspiración para mí. Igualmente trabajo con la directora de la clínica Inwood, la Dra. Dragatsi, en un video psicoeducativo en español sobre la esquizofrenia. Además he trabajado directamente con MTV para completar su video *True Life: tengo esquizofrenia*, entre otros.

La iniciativa que estoy más orgulloso de haber dirigido es un programa de incentivos de trabajo y sensibilización en Nueva York. A pesar de la labor del WIPA (Programa para la planificación y ayuda con los incentivos de trabajo, por sus siglas en inglés) y otros programas en Nueva York y en el país, muy poca gente está informada al respecto de la forma como quienes padecen enfermedades mentales pueden volver a trabajar y mantener sus beneficios. Cuando le pregunté a la mayoría de los directores de los centros de salud mental en Nueva York si habían oído hablar de los programas como WIPA, respondieron negativamente. Por ello fue positivo que yo mismo me encargara de llamar a cientos de instalaciones en la ciudad de Nueva York para hacerles saber cómo podían sus pacientes volver a trabajar. Además, creé un sitio web gratis para los programas de WIPA en Nueva York que proporciona información clara de los cinco condados y más allá. Escribí sobre esto en el *NY City Voices*:

Gracias a la WIPA, ahora es posible trabajar: retornar al empleo
Publicado en el número de la primavera de 2008 del *NYC Voices*
William R. Jiang, MLS

Fui diagnosticado con esquizofrenia paranoide en 1992, diez años antes de poder volver a trabajar normalmente. No quería perder mis beneficios médicos por encontrarme trabajando. Lo que me permitió volver al trabajo fue un programa de incentivos de trabajo que se llama WIPA. Las bases para el WIPA (Programa para la planificación y ayuda con los incentivos de trabajo, por sus siglas en inglés) nacieron con el apoyo bipartidista durante la administración Clinton. La legislación a la que me refiero se llama "Ley del boleto al trabajo e incentivos de inversión" de 1999.

Ahora yo trabajo como bibliotecario profesional en la Biblioteca del Paciente y la Familia del Instituto Psiquiátrico del Estado de Nueva York (http://nyspi.org/Kolb/nyspi_pf_library/index.html). Estoy contactando a muchas de las instalaciones de salud de Nueva York por teléfono, además de la NAMI, el Metro de Nueva York y el *NY City Voices*, para difundir el mensaje de que es posible para nosotros conseguir un buen empleo.

Los programas del WIPA sirven como intermediarios entre el Seguro Social y el trabajador, permitiendo que quienes padecen enfermedades mentales puedan trabajar. Una de las iniciativas más interesantes que el WIPA ofrece se llama *Medicaid Buy-In*. Con este programa, en el Estado de Nueva York, el trabajador puede acceder a la compra de medicamentos y tener un ingreso bruto de hasta $53,028 por persona y $71,028 por pareja. Existen otros excelentes incentivos para los trabajadores. Usted puede contactar las oficinas del WIPA para más información.

He trabajado con Goodwill, la Fundación para la Investigación de la Salud Mental (RFMH, por sus siglas en inglés) y la City University of New York (el instituto John F. Kennedy Jr.) para establecer un sitio web que permita a las personas aprender sobre los programas del WIPA en los cinco condados de Nueva York. El sitio web está alojado en http://www.kd3qc.com/nyc_wipa. Aunque esta página destaca específicamente el WIPA en Nueva York, puede guiar a la gente de todo Estados Unidos a sus respectivos programas WIPA locales.

Para aquellos que no tienen acceso a Internet, los números siguientes pueden ayudarle a comunicarse con la oficina del WIPA: en Brooklyn llame al 718 - 246-7855, en Queens llame al: 718-786-2594, en Manhattan y Staten Island llame al: (212) 385-3030 x 3139 y en

Bronx llame al: (212) 652-2030.

He interactuado con personas maravillosas en el IP. Escuché que contamos con el ganador del premio Nobel, el Dr. Eric Kandel, en el complejo médico. La primera vez que lo oí fue en videos educativos que estaba anotando para la biblioteca. Los videos pertenecían a la serie *Healthy Minds* (Mentes saludables) del Dr. Jeff Borenstein y la NARSAD (Alianza nacional para la investigación de la esquizofrenia y la depresión, por sus siglas en inglés), los cuales fueron transmitidos por el Canal 21 aquí en Nueva York. El Dr. Kandel ha contribuido a tres de los videos que salieron en 2006 en la serie *Healthy Minds*: La depresión de Mike Wallace; La depresión (segunda parte) y La enfermedad de Alzheimer. Así que yo sabía qué aspecto tenía, y lo veía con regularidad en el instituto. Un día, yo estaba en un ascensor con él y le dije que teníamos videos de entrevistas suyas, y que él era algo así como una estrella de rock en la biblioteca de pacientes. Eso lo hizo reír, lo cual me hizo sentir bien, porque la risa es una verdadera conexión humana.

Trabajé en el IP durante unos tres años, cuando tuve un visitante inesperado. Uno muy importante. El Dr. Lieberman, director del IP y del Departamento de Psiquiatría de la Universidad de Columbia entre otros superlativos títulos, vino a visitarme a mí y a mi biblioteca un claro día de primavera. Habíamos estrechado la mano en un evento, y yo lo había visto en el instituto un par de veces. Tenía la impresión de que era un caballero de voz suave, un hombre mesurado. Cuando vino a visitarme a mi biblioteca me impresionó por su altura. Él era de mi estatura, pero delgado. El Dr. Lieberman es un hombre blanco de mediana edad que tiene un aire de autoridad y decisión. Es autor de numerosos artículos sobre las enfermedades mentales. Llevó consigo a otras dos personas: el jefe de seguridad del instituto y una señora que yo había visto alguna vez. Reaccioné con sorpresa ante su visita a la biblioteca sin previo aviso. Él respondió que le gusta mantener a las personas en estado de alerta. Yo estaba feliz de ser el guía de la biblioteca: la colección de libros, la sección de periódicos, folletos, el ordenador y la sala de audiovisuales, y la colección de vídeos. Me preguntó si teníamos uno llamado "*Living With Schizophrenia*" (Viviendo con esquizofrenia). "Creo que sí. Suena familiar", le respondí. Fui a la colección de vídeos y lo encontré rápidamente. El Dr. Lieberman se veía complacido con todo, y se fue tan abruptamente como llegó.

La segunda prueba de fuego que experimenté en el IP fue el día en que el Dr. Lieberman y el Comisionado de la Oficina de Salud Mental del Estado de Nueva York, el Dr. Michael Hogan, visitaron mi biblioteca. Se me había avisado varios días antes sobre la posible visita de estos dos personajes de calibre. Laurie fue quien me dio la noticia. Ella trabaja con muchos programas importantes en el instituto, pero la conozco por el Comité de Psicoeducación. Ella iba a ser una de las personas que recibirían al Dr. Hogan. El día programado Laurie me avisó sobre la posibilidad de que el Dr. Hogan visitara el instituto sin que ello implicara necesariamente su paso por mi biblioteca. Esta incertidumbre me puso tenso. A la hora programada para la visita, justo al mediodía, no ocurrió nada. Pensé que me había salvado de la prueba esta vez. Sin embargo, Laurie me dijo que harían lo posible por mostrarle la biblioteca. Resultó que poco después de las 2:00 p.m. Laurie vino caminando hacia la biblioteca, de forma rápida, y me dijo, con un poco de presión en la voz, "Vienen detrás de mí". El Dr. Lieberman y el Dr. Hogan entraron en el lugar. Yo estaba en un estado de shock. "Hola, Dr. Lieberman. Hola, Dr. Hogan" fue lo único que alcanzó a salir de mi boca. Le mostré la biblioteca al Dr. Hogan de la misma forma que había hecho con el Dr. Lieberman casi un mes antes. El Dr. Hogan mide casi dos metros y ese día se veía imponente, aunque estoy seguro de que no buscaba dar esa impresión. Hablé sobre nuestra participación en el Paseo de la NAMI en el 2007 y nuestros eventos comunitarios que se incluyen una película con contenido psicoeducativo y una discusión en un panel de expertos. Él parecía conocer de antemano todo lo que yo le iba diciendo. Me impresionó. Mencioné el hecho de que un investigador que se ocupa de la rehabilitación cognitiva pronto estaría en la biblioteca. Pareció interesarse por saber más sobre lo que hacíamos en relación con la rehabilitación cognitiva. Le pregunté si había leído un artículo que a mí me pareció interesante. El artículo en cuestión se titulaba "A *meta-analysis of cognitive remediation in schizophrenia*" (Un meta-análisis de la rehabilitación cognitiva en casos de esquizofrenia), publicado en el *American Journal of Psychiatry* en diciembre de 2007. Pensé que sería un artículo importante para hablar sobre el tema. En él se presentaba una modesta mejoría al aplicar este tipo de terapia sobre pacientes esquizofrénicos. El Comisionador Hogan indicó que había leído el artículo, y lo discutimos brevemente. Eso me alegró. Y tras lo que pareció un momento fugaz, el Dr. Lieberman y el Comisionador Hogan se fueron. Al parecer el Dr. Hogan requería volver a Albany. Matt me guiñó un ojo y dijo: "¡Buen trabajo!". Me sentí mucho mejor después de escucharlo. Me tranquilizó. Y estaba feliz de ver que, tras la siguiente evaluación de desempeño, aún tenía empleo. Estaba haciendo bien mi trabajo.

En mis tiempos de estudiante escribí un artículo sobre el libro *Siddhartha* de Herman Hesse. Una de las preguntas sobre las que desarrollé mi escrito fue: ¿cómo sería Buda en la actualidad? ¿Qué trabajo estaría haciendo? Escribí que, en lugar de transportar a la gente de ida y vuelta como lo hace en *Siddhartha*, probablemente estaría trabajando como recaudador de peajes en el puente George Washington. Estaría ayudando a la gente a cruzar el río que lleva a la iluminación de una manera diferente, porque estamos en una época diferente. Como extraña coincidencia, mi puesto de trabajo tiene una hermosa vista de este puente, el río Hudson y el Palisades. A veces, cuando no hay mucha actividad en la biblioteca, miro hacia el puente y pienso que, al ayudar a la gente a aprender acerca de sus enfermedades mentales, contribuyo a su auto-realización. Es una coincidencia interesante que haya terminado relacionando la vista del puente con la ayuda que brindo a la gente para llegar al otro lado de su problema: llegar a su salud. Le deseo salud y felicidad a todo aquel que esté leyendo esto, así como a todas aquellas personas que pasan por la puerta de mi biblioteca.

Epílogo

No escribí mucho sobre mis cuatro hermanos en este libro: James, Chung, Leaf y Justice. Esto es porque necesitaría otro libro para hablar de todos los buenos momentos que he pasado con estos chicos. A lo largo de mi vida han sido una grata presencia. Sinceramente puedo decir que mis hermanos han sido los mejores amigos que he tenido. He tratado de estar siempre a su lado, así como ellos lo han estado para mí. Chung, sin importar lo desesperado que me estuviera sintiendo, ha estado siempre cerca de mí incluso en las peores circunstancias. Ejerció una gran influencia en mí en cuanto al ciclismo y el intelecto. Leaf y yo hicimos dos "siglos", que son un millar de paseos en bicicleta, cuando éramos más jóvenes. Nos encantaba ir rápido en nuestras pobres bicicletas. Este amor incondicional hacia el ciclismo fue influencia de Chung. También leímos mucha literatura fantástica y de ciencia ficción como la serie *Dune* de Frank Herbert, la serie de *El campeón eterno* de Michael Moorcock, la serie *Mito* de Robert Asprin, la serie de las *Encarnaciones de la inmortalidad* y la serie *Xanth*, ambas de Piers Anthony, la serie *La guía del autoestopista galáctico* de Douglas Adams y muchos otros libros que exploramos juntos. También nos divertíamos con los juegos de rol. Leímos y absorbimos más de diez libros sólo para aprender jugar la serie de juegos *Calabozos y dragones*. Leaf ha sido uno de mis mejores amigos y mucho más. Le deseo mucha salud y felicidad a la familia que ha formado con su esposa Dora. Sus dos pequeñas son las niñas más encantadoras: Vicki y Cindy. Sé que mi hermano hará todo lo posible para cuidar de su familia. Ha sido un honor para mí ver el crecimiento de mi hermano menor Justice hasta convertirse en un joven fuerte, inteligente y sensible que está a punto de entrar en la adultez. Él me hace sentir orgulloso. Mi hermana mayor Ching y sus dos hijas Jessie y Jodie están constantemente en mi pensamiento, al igual que su difunto marido David, quien vive todavía en nuestros corazones. David fue muy bueno conmigo, incluso aunque no estuviéramos relacionados por sangre. Espero que esté en un lugar mejor, desde donde pueda ver con orgullo cómo Ching y sus dos retoños, sus hijas, florecen. Los días que jugamos baloncesto en las soleadas canchas de Manhattan son algo que no olvidaré. Y ya que estoy en el tema de los deportes, debo decir que jugando al balonmano en las canchas de Manhattan he vivido algunos de mis mejores momentos. Inicié a Leaf y a Justice en el deporte. Ambos han sido mejores que yo en ello. Ambos han sido peores que yo en ello. Lo que importa es el tiempo que hemos pasado todos juntos, forjando los lazos de hermandad. No cambiaría los momentos que he pasado con estos chicos por nada en el mundo.

Ahora extraño a mis amigos de la escuela secundaria. Los dejé ir entre la escuela secundaria y la universidad porque pensaba que serían una mala influencia para mí académicamente. Tal vez tuve razón en eso, pero es posible que de no haber perdido el contacto con ellos habría mantenido un mejor balance. Eran buenos muchachos, y aunque no he vuelto a ver a muchos de ellos en más de dieciocho años, los llevo en mis pensamientos de vez en cuando. Les deseo a todos lo mejor.

Se dice que nuestros amigos son nuestra fortuna. En este punto en mi vida, me siento rico. Tengo amigos en el trabajo y fuera del trabajo. Los amigos en el trabajo ayudan a que las jornadas pasen más rápido. Son buenas personas, y me siento orgulloso de trabajar con ellos en el servicio a nuestros clientes, los pacientes. Mis amigos fuera del hospital son una bendición sobre mis días libres. Y mis amigos online me ayudan a pasar un rato agradable cuando me relajo en casa. Nunca estoy solo, y me gusta que sea así.

¿Qué deparará el futuro? Nadie conoce el futuro. Lo único que es seguro es el cambio. Nuestra sociedad en cierto sentido es una sociedad de progreso, al menos en las ciencias. Los medicamentos, las terapias y el conocimiento del trastorno que he padecido por dieciséis años avanzan más y más actualmente.

Mirando hacia atrás, creo que mi equipo de tratamiento y yo cometimos errores, pero tal vez pueda ahora ayudar a algunas personas a evitarlos.

Cuando fui diagnosticado con esquizofrenia nunca debí abandonar los medicamentos antipsicóticos, porque creo que habría estado mejor. Teniendo en cuenta mi libro y mis logros tal vez no parezca que estoy más discapacitado tras mi primer episodio enfermizo. Sin embargo, la verdad es que antes de que se me retirara el tratamiento con antipsicóticos era mucho más fácil para mí concentrarme y leer grandes cantidades de información. Incluso tomando los medicamentos antes de mi segundo episodio, era capaz de leer el *Sir Gawain y el Caballero Verde* y *El arte de la guerra* de Sun Tzu en un día cada uno, así como otros libros. Ahora leer cada libro me tomaría más de una semana. He perdido mi nivel previo de fortaleza cognitiva.

El director del Instituto Psiquiátrico del Estado de Nueva York, el Dr. Lieberman, refuerza mi punto de vista en una experiencia que tuvo cuando trató a un joven con esquizofrenia. A pesar de que mi episodio enfermizo acontecería mucho más tarde, esta historia es muy relevante en cuanto a la idea de que las personas con esquizofrenia no deben dejar de tomar sus medicamentos. La siguiente transcripción del discurso de aceptación del premio Lieber fue dada por el Dr. Lieberman en el 2006. Aparece aquí por cortesía de NARSAD:

"Me gustaría contarles una pequeña historia acerca de cómo es que terminé en este campo. Comienza con una experiencia como residente, a finales de la década de 1970, tratando pacientes con enfermedades mentales. Fue una experiencia particularmente emotiva que siempre voy a recordar.

Trataba a un joven de poco más de 20 años. Asistía a una universidad de la *Ivy League*, comenzaba apenas su vida. Tuvo un episodio de psicosis, que diagnosticamos como esquizofrenia. Fue tratado y tuvo una recuperación completa, con remisión completa de los síntomas. Pero cuando trató de regresar a sus estudios, deseando no perder el semestre iniciado, se dio cuenta de que no podía desempeñarse cognitivamente tan bien como antes. Además, los efectos secundarios del haloperidol que incluso tomaba en bajas dosis eran problemáticos. Dejó de tomar sus medicamentos, sufrió una recaída y fue tratado de nuevo. Volvió a ser hospitalizado y esta vez, cuando fue tratado, no se recuperó totalmente. Se mejoró con la medicación, pero aún tenía síntomas, y nunca fue capaz de alcanzar el mismo grado de capacidad funcional y cognitiva que había mostrado anteriormente.

Yo estaba siendo supervisado en la atención a este paciente, y mi supervisor me decía: "Muchos pacientes no entienden su enfermedad, y tienen que aprender a las malas. Es bueno que haya tenido estas recaídas, ya que le harán entender más rápidamente la importancia de no dejar sus medicamentos".

En ese momento se suponía que uno podía experimentar estos episodios psicóticos recurrentes, ser tratado y recuperarse como si nada hubiera pasado. En realidad eso no es cierto. La condición *sine qua non* de la esquizofrenia, que (Emil) Kraepelin (el descubridor de la esquizofrenia y el trastorno bipolar) identificó hace 100 años, es el deterioro asociado a la enfermedad... [El deterioro] no es algo que

116

ocurre inexorablemente, pero es algo que potencialmente podría evitarse mediante la intervención terapéutica". (Lieberman, Jeffrey A. "Premio Lieber por logros excepcionales en la investigación sobre la esquizofrenia", *Boletín de Investigación NARSAD*, vol. 18, número 3, otoño de 2006, pp. 4-5.)

En este discurso el Dr. Lieberman mostró cuánto han cambiado los tratamientos y las actitudes con respecto a la esquizofrenia desde los años setenta. Tanto el joven tratado por el Dr. Lieberman como yo mismo habríamos estado mejor de no haber dejado de tomar los medicamentos.